中央民族大学青年学者文库
China Minzhu University Young Scholars' Series

◎田 艳／著

文化聚合与文化推进

——在京韩国人组织与文化的人类学解读

Cultural Cohesion and Cultural Push

——*Anthropological Perspectives on South Korean Organizations and Culture in Beijing*

中央民族大学出版社
China Minzu University Press

图书在版编目（CIP）数据

文化聚合与文化推进：在京韩国人组织与文化的人类学解读/田艳著. —北京：中央民族大学出版社，2014.4

ISBN 978－7－5660－0694－3

Ⅰ. ①文…　Ⅱ. ①田…　Ⅲ. ①民族文化—研究—韩国
Ⅳ. ①K312.603

中国版本图书馆 CIP 数据核字（2014）第 056600 号

文化聚合与文化推进
——在京韩国人组织与文化的人类学解读

作　　者　田　艳
责任编辑　戴佩丽
封面设计　布拉格
出 版 者　中央民族大学出版社
　　　　　北京市海淀区中关村南大街 27 号　邮编:100081
　　　　　电话:68472815(发行部)　传真:68932751(发行部)
　　　　　　　68932218(总编室)　　　68932447(办公室)
发 行 者　全国各地新华书店
印 刷 厂　北京宏伟双华印刷有限公司
开　　本　880×1230（毫米）　1/32　印张：7.625
字　　数　190 千字
版　　次　2014 年 4 月第 1 版　2014 年 4 月第 1 次印刷
书　　号　ISBN 978－7－5660－0694－3
定　　价　26.00 元

总 序

中央民族大学是我们党为解决民族问题、培养少数民族干部和高级专门人才而创办的高等学府。建校六十多年来，中央民族大学认真贯彻党的教育方针和民族政策，坚持社会主义办学方向，坚持为少数民族和民族地区发展服务的办学宗旨，培养了成千上万的优秀人才，取得了许多具有开创性意义的科研成果，创建和发展了一批民族类的重点学科，走出了一条民族高等教育又好又快发展的成功之路。

今天，荟萃了56个民族英才的中央民族大学，学科门类齐全、民族学科特色突出，跻身于国家“211工程”和“985工程”重点建设大学的行列。中央民族大学已经成为我国民族工作的人才摇篮，民族问题研究的学术重镇，民族理论政策的创新基地，民族文化保护和传承的重要阵地。

教师是学校的核心和灵魂。办好中央民族大学，关键是要有一支高素质的教师队伍。为建设一支能够为实现几代民大人孜孜以求的建成国际知名的、高水平的研究型大学提供坚实支撑的教师队伍，2012年4月，学校做出决定，从“985工程”队伍建设专项经费中拨出专款，设立“中央民族大学青年学者文库”基金，持续、择优支持新近来校工作的博士、博士后出站人员以及新近取得博士学位或博士后出站资格的在职教职工出版高水平的博士学位论文和博士后出站报告。希望通过实施这一学术成果出版支持计划，不断打造学术精品，促进学术探究，助推中央民族大学年轻教师成长，形成长江后浪推前浪、一代更比一代强的教师队伍蓬勃壮大的良好局面。

青年教师正值学术的少年期。诚如梁启超先生脍炙人口的名言所祈愿：少年智则国智，少年富则国富，少年强则国强，少年独立则国独立，少年自由则国自由，少年进步则国进步，少年胜于欧洲，则国胜于欧洲，少年雄于地球，则国雄于地球。希望在各方面的共同努力下，在广大青年教师的积极参与下，《中央民族大学青年学者文库》能够展示出我校年青教师的学术实力，坚定青年教师的学术自信，激发青年教师的学术热忱，激励广大青年教师向更高远的学术目标攀登。唯有青年教师自强不息，中央民族大学的事业才能蒸蒸日上！

中央民族大学青年教师学术著作出版
编审委员会
2013 年 6 月 19 日

摘　　要

本研究以来京居留的韩国人群体为主要观察对象，对在京韩国人的组织与文化进行了长期的人类学参与观察（含在韩国的部分田野工作）和分析。笔者根据近年来“韩人社会”在中国呈现的族群与文化认同的构成及其文化嵌入的主动性特征，提出了“文化聚合”与“文化推进”的创新观点。

中国和韩国有着数千年的交往历史，传统文化一直是构筑五千年中韩关系的重要基础。不过由于第二次世界大战后诸多因素的影响，中韩两国人民的交往也被阻断到了历史最低的限度内。1992 年两国建交后，双方交往日益密切，韩国来华人员也日益增多。笔者对韩国人在北京地区的社会组织和文化活动发生了浓厚的兴趣，对韩国文化聚合做出了分析，并以北京地区为田野调查点，对韩国人的社会、组织与文化进行了较长时间的观察和访谈，希望能从人类学的角度探讨两国文化再次相遇后，韩国人的组织与文化在北京地区得以推进的构成及其运作轨迹。

始祖檀君神话传说、共同的历史、语言等原生性因素都是建构韩国人族群认同的重要因素。除此以外，本研究还将韩国人族群意识与古代绝对的“他者”——中国的关系的变迁联系起来。本研究同时将作为文化符号的汉字在韩国地位的变迁视为族群观发展的一个线索和脉络，作为其族群强韧化的又一因素。

韩国是世界上至今仍然深受儒家影响的国家，儒教所倡导的人伦观念和家国一体等思想对于网络人伦型社会的形成有着巨大的影响。韩国家族、宗族意识在小农经济和村落社会得以强化，衍生出强大的血缘和地缘意识。进入现代社会后，传统的血缘和地缘关系被打破，人们按照共同体的原则形成了非地域性的小规模的各类组织，学缘、职缘以及同一宗教组织内部群体的联系的出现，使得韩国社会成为独特的“缘分”主义社会。80 年代，随着政府权威的消失，市民社会随之出现，形成了诸多超缘分主义的团体。韩国社会组织的致密性特征也越发明显。

本研究认为，文化聚合是指由某群体外在的族群意识的强韧化和社会组织内聚力的致密性相结合而形成的一种合力，是本群体可以在跨国、跨境状态或在异质性社会中得以较为自如地适应和发展的文化力量。韩国人的文化聚合形态在汉人社区得到了进一步的强化。文化聚合是一个长期积累的过程，并伴随着民族精神的独立与强化及民族自信心的提升。文化聚合为文化推进提供了组织、精神及族群意识等方面的基础、动力及可能性。

本研究还提出，文化推进是以文化聚合为基础和条件，是一种文化向另一种文化空间的主动推行。文化推进是两种文化交融和互动的方式之一，体现出一个族群在文化发展方面的本质要求。韩国文化向汉人社会的推进分三个层次，即社会关系与组织制度、文化实践、公司文化。

在京韩国人娴熟地运用在国内形成的一套人际机制和社会结构机制，在北京地区建立了完善的组织、社区和信息网络，形成了独特的“韩人社会”。韩人社会成为我国现阶段颇具规模的境外移民团体，表现了韩国人在全球化时代拓展生存空间的愿望和理想。韩人社会的登场是韩国文化推进的基础和外在形式，在这一层面，文化得以实现整体移动，具有嵌入式的特征。

同时，在韩人社会的支持下，韩国人在汉人社会参与了各种形式的实践活动，这些行为超越了对汉人社会的单纯适应，表现出强烈的文化特质和族群性格，如集体行动主义色彩、族群精神和意识及现代韩国生活方式和理念。在这一层面上，文化呈现出拓展性和辐射性。

文化推进的第三个层面，即组织文化的推进，本研究选定公司组织作为观察的切入点。公司是韩国组织文化与中国本土文化接触最多的组织，也是韩国文化推进中最有代表性的组织。中韩文化的碰撞、交融在这里进行，两国文化的深层差异在这里得以鲜明地显现。

在韩国文化向汉人社会推进的过程中，来自汉人社会的回应也被纳入了观察之中。好奇与友善、回避与抵触的二元情绪共存，反映出两种文化在碰触当中必然会出现的两种情形，以及文化推进过程中呈现出的多声部和复杂性。

文化推进具有突发性和激进性。外部看来，文化推进的力量是十分强大的，内部呈现的仍然是较为保守和紧密的心理，某些时候表现为固执地保有本土文化特性的特点。在文化推进中，受容方有过滤的机制，对于利己的一面，积极吸收、接纳，对于矛盾和冲突的一面，则采取回避或抵触的态度。

本研究期待在依据来华韩国人的族群认同特征、组织文化和跨国文化实践研究的基础上所提出的文化聚合与文化推进的概念得以确认，认为对于当今中国社会急剧发展的当下所呈现的跨国韩人族群文化聚合与推进的状况，有必要进一步加强跨学科的学术研究：不仅从学理上提供理解韩国人及其“韩人社会”的思路，而且在某种程度上为两种文化的中断提供适应性选择，以及提醒在扩大对韩人社会学术研究的基础上制定相应的社会政策，以应对当今全球化时代国家—族群—文化关系的复杂状态。

关键词　文化聚合，文化推进，来京韩国人，组织与文化，跨文化研究

目　录

绪　论

0.1　选题缘起及创新点

0.1.1　选题缘起

中国和韩国①是一衣带水的友好邻邦，传统文化是构筑几千年中韩关系的重要基础。在此基础上，双方之间一直保持着政治、经济、文化等多方面的密切联系。不过在第二次世界大战后，由于世界政治格局及诸多因素的影响，中韩两国人民的交往一度中断了数十年，两国的文化交流也被阻断到历史最低的限度内。在这期间，两国沿着各自不同的轨迹发展了几十年，在诸多方面形成了不小的差异和隔阂。

20 世纪 90 年代中韩建交后，两国交往日益密切，韩国来华人员也日益增多。在韩国文化聚合势头的影响下，北京、上海、沈阳、青岛等地出现了颇有声势的“韩人社会”。由此，韩国人的组织社区、日常实践及组织（公司）文化，及其携带着的韩

① 为便于叙述，本研究采用了大多数学术文章的表述方式，将中国与朝鲜半岛（不包括当今的北朝鲜）的关系简称为中韩关系。

国文化理念被推进至了汉人社区。

笔者对韩国人在北京地区的社会组织和文化活动发生了浓厚的兴趣，对这一现象的成因——文化聚合进行了阐述和分析。并以北京地区为田野调查点，对韩国人的社会、组织与文化进行了较长时间的观察和访谈，希望能从人类学的角度探讨两国文化再次相遇后，韩国人的组织与文化在北京地区得以推进的构成及其运作轨迹。

该书选题的确定与笔者的工作经历和个人旨趣不无关系。

笔者自 1995 年开始从事国际汉语教学和跨文化教育工作，有机会接触到多元文化群体，因此与韩国学生有着长期而深入的接触。在与他们交往的过程中，笔者能较为细微地体察韩国人的心理特征和文化思维，并能经常给学生予以指导。其间，他们的困惑、喜悦和点滴的感受都与笔者坦然分享。尽管如此，这一阶段对韩国人的观察仍局限于自己的教学对象及日常生活。

2001 年至 2002 年笔者受邀赴韩国某知名企业 K 公司进行语言和文化的教学。在韩国工作期间，笔者几乎走遍了整个韩国，从繁华喧嚣的城市到边远淳朴的乡村，从北部的板门店到最南端的济洲岛。一年的时间中，笔者参观了很多历史古迹和战争遗址，对韩国的文化、历史、民俗和一些组织机构已经开始了一定意义上的参与观察和访谈，对韩国人群体开始有了真正意义上的深入而全面的认识。特别在 K 公司工作的 13 个月里，对该公司的文化制度、管理制度以及人员之间的日常实践有了实地的参与观察和自己的理解，对韩国近十家教会组织也进行了较为深入的了解，还走进了很多韩国人的家庭中，这都为日后研究在京韩国人的组织与文化带来了很多的便利条件。

2004 年，笔者师从庄孔韶教授开始接受人类学博士阶段的教育。在导师的指导下，结合多年来工作中获得的知识和理论，对韩国人群体进行了较为专业的调查和研究。由此，正式将在京韩国人的组织与文化作为一个专题来进行人类学意义上的研究。

0.1.2 本研究创新点

以往国内外学界对中韩关系和韩国文化的研究多侧重于宗教、哲学、历史等领域，对来华韩国人（“韩人社会”）进行人类学及相关社会科学研究的公开发表的文章极为少见。本研究以长期田野工作得到的第一手资料对当代“韩人社会”在中国的推进状况率先进行了详实的阐述和分析。

本研究针对“韩人社会”的构成现状提出了“文化聚合”与“文化推进”的新的学术创新概念。文化聚合是指由群体对外族群意识的增强与内部组织致密性的提高结合形成的一种合力；而文化推进是一种文化向另一种文化空间的主动嵌入。“韩人社会”以社会关系与制度、文化实践以及组织（公司）文化等三个层次进行文化推进。

上述两个重要创新理论可以转化为提醒在扩大对“韩人社会”学术研究的基础上制定相应的社会政策，以应对当今全球化时代中韩国家—族群—文化关系的复杂状态。

0.2 研究资料与研究方法

0.2.1 文献整理和资料来源

文献梳理是研究必不可少的功课。本研究主要借助中外文专著文献、期刊论文、互联网等资料，浏览有关人类学、语言教学、文化、教育、族性、宗教、制度、历史等诸多方面的资料，以便能从一个比较深广的角度来理解本研究所要阐述的话题。

另外，除了访谈中获得的材料，笔者还十分注重实地考察得来的材料，特别是韩国语材料，比如韩国教会的通讯、在京发行的韩国语报纸和杂志、韩国人开办的汉语补习班的教材和留学院的信息，韩国人社区户外的标识、广告、通知以及在京韩国人网站上的信息留言等。另外，由于笔者是国际汉语教师，韩国留学生的作文、作业等也常常被用来做可分析的资料。多元收集是本研究在收集资料方面的一个原则。

0.2.2 研究方法与调查资料

本书在写作过程中采用人类学传统的参与观察和对话访谈的形式，运用文献研究法、深度访谈、个人生活史调查法、问卷调查和文化对比整合等研究方法。

人类学田野工作的目的之一便是要了解研究对象的思维、行为及组织互动模式，因此实地观察是获得这方面资料的重要手段。人类学存在着两种不同的观察方法：直接观察和参与观察。直接观察可以从观察对象的人员参与、组织程序、仪式过程、信仰与情感投入等表现中获得有用的信息，不过有时这一方法并不一定能保证可以十分深入地理解观察对象的文化行为。而参与观察法（participant observation）则是所有人类学研究者所熟知的方法。参与观察者作为被研究群体一员的身份，以各种可能的方式全身心地参与并分享他们的生活，与一些被观察者建立长期的个人关系，深切地理解他们的生活经历和心理历程，理解文化诸事项及其行动背后的思维与行为规则，梳理其整个的文化脉络并加以诠释。“参与观察是一种直觉的理解，由观察者自己的经验加以整合，才能实现一项研究，这便同凭印象的短期考察相距甚远。”① 当然，“来自人类学传统的参与观察必须是参与一个较长的时日，研究者应同被调查者打成一片，深入地参加他们的生活……那种蜻蜓点水式的采访座谈，在没有参与观察背景，事先安排好的惊动四座的课程、仪式等活动的观摩均不属于参与观察。”② “虽说有时人类学观察并非是有结构的观察，也不事先提出假设，然而最终获得的直觉理解仍是产生新鲜的、更为可靠的假设、判断与预测的重要基础，是对贸然进行问卷、谈话并以此不牢靠的回答内容建立理论进行批判的有效指南。”③ 上述两处观点虽说的是教育人类学的观察方法，实际上也普遍适用于所有的人类学观察方法。

除了前期（2001—2002 年）在韩国的考察，在 2005 年到 2007 年期间，笔者还对在北京的韩国人组织及社区进行了较为详尽的调查和访谈。相当一部分的观点来自于笔者对韩国学生的长期而深入的访谈。另外，2006 年 7 月到 8 月笔者在一家从事教育产业的中小型韩国公司进行过为期近两个月的参与考察。2005 年至 2007 年两年间，前后近六个月对五道口、望京地区进行调研，主要是对在京韩国人的多家教会组织、留学生组织、在京韩国人校友会、同乡会等组织进行了长时间的参与观察。同时还参与了在京韩国人的多种文化实践活动。2007 年 9 月到 2008 年 1 月对韩国在京某组织进行过多次、连续的参与观察，期间也结识了不少韩国朋友。通过上述的活动，时常使自己充分置身于观察对象的环境和活动中。

两年间，访谈的对象涉及了在京各个层面的韩国人：历史学

① 庄孔韶：《教育人类学》，哈尔滨：黑龙江教育出版社，1989 年，第 120 页。
② 同上。
③ 同上。

者、文化学者、大学和中小学的留学生、教会人员、企业管理层人士、政府公务员、家庭主妇等。特别要提到的是，笔者与K公司的多名在京驻在员进行过多次的深度访谈，在五道口地区调研时认识了庆珠姐姐，在韩国时认识的英玉姐姐。后来也居住在望京地区，笔者对五道口、望京地区的多次调查都得益于两位姐姐和她们的韩国朋友的大力帮助。同时2005年至2006年间，笔者还与3名来华学习的韩国公务员结成了很好的朋友，并进行了深入访谈。当然笔者也对很多与韩国人接触的中国人进行了访谈，如五道口望京地区的居民、服务业人员，在京韩企工作的中国职员等，特别是对在韩国企业工作过的周劲松和住在望京地区的吴先生一家进行了为期几个月的跟踪访谈，他们对韩国人及韩国组织的理解也成为本研究的重要组成部分。对他们的调查和访谈有助于理解来自不同声音的多重意义，使观察更具有整合的意义。

调查和访谈的目标有：必要的韩国文化历史及中韩关系的背景；必要的社区和组织的背景；韩国人在汉人社区的集体心态及对汉人社会的态度；韩国人各组织的联动方式；韩国人对于自己祖国和对于中国的历史观，等等。

人类学的访谈分为正式访谈和非正式访谈。正式访谈又分为结构性访谈、非结构性访谈和个人深度访谈。这些方式都被应用于本研究的访谈过程。访谈时，往往要参照笔者设计的提纲和问卷。但是，人类学的调查历来更重视交流中的收获，追问火光闪现的新的线索，因此有时也会舍去自己预先设定的框架，去领会韩国人话语所传达出来的隐含意义，因而使访谈超出笔者的设计，进入了更为丰富的领域。

人类学认为，主位研究强调的是从文化内在的角度分析理解事件，客位研究则强调文化外部的立场和解释。与此相关的还有局内人（insider）和局外人（outsider）的概念。“局内人指的是与研究对象同属于一个文化群体的人。局内人之间通常有比较类似的生活经历，对事物往往有比较一致的视角和认识。局外人则指的是处在某一文化群体之外的人。局外人通常有着不同于局内人的生活体验和认识事物的方法。"①

在调查和访谈中，笔者需要在主位、客位和局内、居外人不同的身份之间穿梭，提醒自己的角色把握要到位。在田野调查中，笔者的身份发挥了不小的作用。由于笔者会使用一些韩国语，便于与对方进行交流，也使对方少有排斥心理。同时，笔者从事教育工作，出于对教师的尊敬和对学习汉语的渴望，很多韩国人愿意与笔者结交。一些韩国人因此作为笔者的韩语教师和朋友，全方位地进入笔者的观察视野中，使得笔者有机会敏锐地体察其欲言又止背后的深意或言外之意。

有异文化的经历和体验对于进行文化的研究有重要的作用，而我所工作的区域正是一种多文化并存的空间，因此对于已文化和异文化的敏感性被不断地唤起和模塑，对各种文化间的界限常保持清晰的认识。这种敏感性是在单一文化环境中生活工作的研究者所不具备的。

0.3 研究思路与架构

下面是本研究的理论架构图（见图 0－1）：

本研究分为九章和一个导论。导论内容为选题目的、资料收集与研究方法、论文架构等。第一章为国内外相关理论的研究情况，其中着重介绍人类学有关族群理论的探讨、组织的理论、族

① 庄孔韶：《人类学概论》，北京：中国人民大学出版社，2006 年，第 138—139 页。

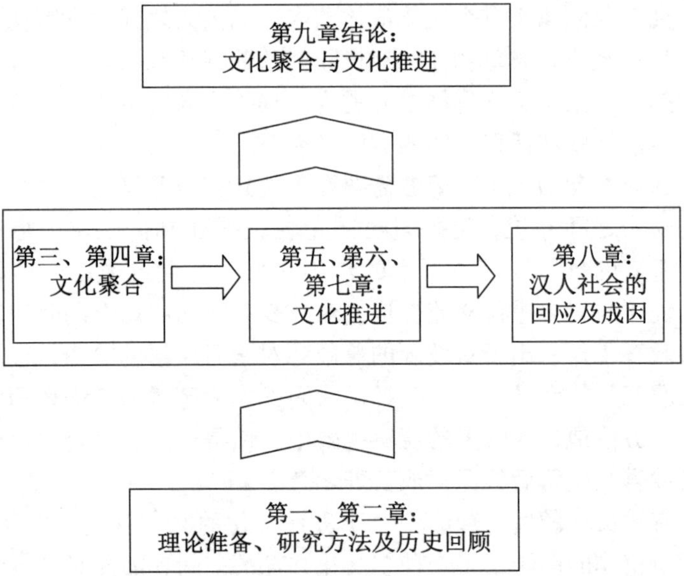

图 0－1 本研究总体框架

性的研究及有关韩国研究的现状。上述的研究为本书的写作提供了理论依据。第二章为历史脉络的梳理。本章以文化为主线，分四个阶段回溯中韩两国在历史层面上的交流，这对于理解韩国文化聚合以及当今韩国人大量来京的原由提供了一个纵向的背景铺垫。

第三章到第八章为本研究的核心部分，探讨韩国人的文化聚合成因及文化推进的表现方式，并通过汉人社会的回应分析其背后历史、文化及心理上的缘由。

第三章和第四章论述“文化聚合”。

其中第三章探讨韩国人族群意识强韧化的成因，这是韩国文化聚合的底色和重要原因之一。本章在静态因素分析的基础上，结合动态因素，通过韩国在与绝对的他者——古代中国的互动过程，分析其族群意识逐步强韧化的成因。本研究同时还将韩国人对特定文化符号（汉字）的态度变迁作为一个重要因素纳入到其族群认同的观察中，因而拓展了观察的角度。

如果说族群意识的成因更多地具有与他者关照之下而形成的外部性的特点，那么第四章则重点阐述韩国人群体内部组织聚合力的发展脉络及成因，由此作为本研究的主要观点之一“文化聚合”的又一理论基础。本章从古代韩国社会基本的组织——宗族组织和村落组织入手，结合儒家文化对韩国社会人际、家我、家国的多层次人伦关系的影响，再到现代“缘分主义”社会的形成，考察了由古至今韩国社会内部凝聚力致密化的成因。

第五、第六、第七章阐释“文化推进”。

第五章首先对在京韩国人的构成及组织、团体的类型做了归纳，随后从社会性支持、工具性支持和情感性支持三个方面分析“韩人社会”内部组织和成员的联动关系，接着提出了“韩人社会”的概念并对其特征进行了分析。韩国人将具有韩国特色的组织、社会网络和人际关系移植到了汉人社会，并建立族群聚居区，形成了一个不可忽视的“韩人社会”。“韩人社会”的登场成为韩国文化向汉人社会推进的一个重要部分和基础，韩国人在京文化实践的展演及组织文化的推进都与“韩人社会”的形成有着密切的关系。

第六章分析了在京韩国人各种文化实践的展演及其特征。“韩人社会”的形成使得韩国人得以在汉人社会迅速地形成一种力量，并为其积极参与各种形式的文化实践活动提供了组织、精神和物质上的保证。韩国人在京文化实践活动包括体育事项、助威行为、饮食推介、环保理念、登山文化和流行文化，等等。本章认为，在京韩国人的各类实践活动借助仪式化的行为将其集体行动力、族群意识和生活理念、生活方式等向汉人社会做了综合性的展演。这些行为超越了对汉人社会的单纯适应，表现出了强大的族群意识和文化特征。

第七章的主题是组织文化的推进。由于在京公司是韩国组织中与中国本土文化接触最多的组织单位，也是韩国文化推进中最有代表性的组织，所以特选取公司文化作为观察点。本研究将公司视作一个“文化的组织”来进行研究。在公司组织中，演绎着中韩两种文化的碰撞、交融，中韩两国的文化深层差异在这里得以鲜明地显现。韩国文化如何运用于公司组织中，与汉人社会相遇后有何种碰撞，成为本章所论述的话题。

第八章是汉人社会的回应及其背后的深层原因。文化推进关注的不仅是推进方，还应将受容方作为不可缺少的部分纳入到观察中。亲切、友善与回避、抵触成为汉人社会的二重心理结构。两种文化的同源性对“韩国精神”的钦佩以及对韩国流行文化和生活理念的喜好成为汉人社会接纳韩国人群体的几个重要原因。而族群性的差异、韩人社会的排他性与族群意识的过分彰显、汉人社会对异质文化接纳心态的不足以及两国深层文化仍存在差异等因素都成为文化推进在某种程度上受阻的几个原因。特别是在两国深层文化差异的分析中，笔者将中国传统文化的中断以及韩国传统文化传承的状态进行了对比，从中找出双方文化存在的隔阂感，而权威主义的加强和军事化思想对于韩国社会组织的影响也起着很大的作用，这在一定程度上加大了两种文化的深层差异。

第九章作为本研究的结尾和总结，提出了“文化聚合”与“文化推进”这两大概念，对文化聚合的构成、作用以及文化推进的性质、内容、方式做出了提炼和总结。

第一章　国内外相关理论与学术成果

根据研究主题，笔者拟按照由远及近，由宽到窄的思路对国内外相关研究进行梳理。①

1.1　人类学对跨文化研究的理解

人类学是一门跨文化探讨人性、文化、社会和世界，进而促进人类学理论、交流与合作的学科。因此，人类学认为不但要理解自身的世界，也要欣赏他人的生活。以平和的态度，平等的眼光去接触也许是完全未知的社区生活方式，相信不同族群人民生活方式的意义。② 在全球一体化增强、文化接触增多的大背景下，人类学所提倡的包容的情怀以及将文化的多样性以及人性的丰富涵盖其中的思想，越来越受到人们的肯定和欣赏。

跨文化是一个历史过程，人类几千年文明的交流史使得各种文化都吸收了其他文化的营养，文化彼此水乳交融。跨文化又是一个人本取向，因为人类有共同的基本价值，所以各文化中都能找到共同的内容。跨文化还是一种认知方法，它要求不同文化背景的人在相逢的时候，应该主动去适应对方。当然，跨文化还是

---

① 主要为2008年以前公开发表的相关文献。

② 庄孔韶主编：《人类学通论》，太原：山西教育出版社，2003年，第2页。

资料搜集与分析的方法和研究视角。

与跨文化相对的有两种倾向。第一种是封闭的文化主义倾向，该倾向认为每个文化都是各自独立的，因而世界便由一个个文化孤岛组成，这种潮流使得各种文化相互分离，没有交融。第二种倾向便是单一文化主义倾向，它希望融合所有的文化，创造一个新的文化来强加给世界，从而使每一种文化都失去自己的个性。

而跨文化理论则肯定所有文化中的财富与智慧，鼓励各文化之间的对话、交流。“文化相对主义”及对“自我与他者”关系的理解可以看作是对跨文化理论的具体的实践。

人类学中所说的“文化相对主义”，即主张每一种文化都有其独创性和充分的价值，强调“以别人的经验与传统为基础来判断或解释他们的信仰与行为”[①]，强调世界上任何一个民族都有自己的逻辑、社会理想、世界观和道德观，因此人们不应该用自己的一套标准去衡量其他民族的文化，而应该用某一文化中人们自己的语言来评价该文化。

人类学家一贯用“整体论”的概念去了解不同的文化，他们发现不同的族群从一开始就各自发展出一套适合自身的生活方式和价值观念。博厄斯（Boas Franz）曾提出过一条人类学学科中极其重要的方法论规则：研究者不应受以我们自身的文化为基础的任何评价的束缚。[②] 本尼迪克特（R. Benedict）也认为：人类从现有的生存原料中，为自身创造了若干并存而同样有效的生活模式。[③] 郝斯科维茨（M. J. Herskovits）则在《文化人类学》

① M. C. Howard：《文化人类学》，李茂兴、蓝美华译，台北：弘智文化出版社，1997 年版，第 16—17 页。

② ［美］博厄斯：《人类学与现代生活》，杨成志译述，北京：商务印书馆，1985 年，第 148 页。

③ R. Benedict，1935，Patterns of Culture，London：Routledge，p278.

中明确提出了文化相对论与文化价值的概念，认为每一种文化都有其独创性和充分的价值。①

人类学所关注的是在异文化的视野内考察文化，通过观察视角的转化，可以加深人们对问题的理解。Others 直译是“他者”，与此相关的词语有“他者的世界”、“他者的文化”、“他者的生存模式”，等等。在这个意义上，可以说人类学是关于他者的学问。由于世界上不同文化的底色存在差异，人性的本质和过程被文化不断模塑，因此必须建立跨文化观察的构架。人类本身的整体观以及自我认识，都将透过他者的文化与人性的理解受益。“他者不仅仅指向与自己不同的人群，更多的是指向与自己不同的文化（other cultures）”，换句话说，我们所主要关注的不是作为人群的他者，而是文化意义上的“他者性”（cultural otherness）。以‘他者性’来反观、诠释与重构本文化。”“努力发现他者和自身世界观、文化结构与逻辑等的异同，对文化交流和碰撞中的双方都是有意义的，这和坚持文化多样性立场是相辅相成的。”②“人类学家在人类生存领域的探索过程中总是第一个坚持了文化多元的立场，也总是率先使用跨文化的透镜来看待他者，同时再以他者的眼光审视世界。”③

超越单一的观念和封闭的观点和跨文化研究的视角并不意味着我们要不加分析地接受和认同某些族群的思维与行为方式，而恰恰要考虑如何更恰当地理解一个文化的内涵与特征，以及不从表面，而是从其环境、社会与历史的脉络中来看待某种族群的文化情境。

---

① M. J. Herskovits，1964，Cultural Anthropology，New York：Alfred A. Knopt.

② 庄孔韶主编：《人类学概论》，北京：中国人民大学出版社，2006 年，第 8、第 25、第 300 页。

③ 同上。

多年来，中韩文化的研究常淹没在中西对比文化研究的大的概念之下，甚至当中日文化比较的主题已炙手可热的时候，人类学视角下的中韩文化的相关性研究却因被认定为过于相似而很少有人进行人类学意义上的比较观察。

不只依赖自己的代码、习惯、观念和行为方式，而是同时也经历和了解对方的代码、习惯、观念和行为方式的所有关系。[①]相信，用人类学的视角来理解中韩两种文化及文化接触后发生的变迁，必然是一个积极而有益的探索。

1.2　文化适应与文化中断

1.2.1　文化适应

文化适应的概念最早是由美国的人类学者罗伯特·雷德菲尔德（Robert Redfield）、拉夫尔·林顿（Ralph Linton）和梅尔维尔·郝斯科维茨（Melville Herskovits）等人提出来的。文化适应是指一些具有不同文化的个体集团发生长期而直接的联系，因而一个或两个集团改变了原来的文化模式所产生的现象。

C. 恩伯（Carol Ember）和 M. 恩伯（Melvin Ember）认为，文化是具有适应性的，能增加一个社会生存机会的习俗称为适应性习俗。文化是整合的，构成文化的诸要素或特质不是习俗的随

① ［德］马勒茨克（Gerhard Maletzke）：《跨文化交流——不同文化的人与人之间的交往》，潘亚玲译，北京：北京大学出版社，2001 年，第 31 页。

机拼凑，而是在大多数情况下相互适应或和谐一致。①

庄孔韶教授在《人类学概论》中对“交叉文化中的适应”提出了思考。从整个文化体系来考察，文化适应是一个建立新的文化模式的过程，它能在特殊环境下呈现出文化多样性。当一些新的文化特质纳入一个国家或一个民族的现存制度及其功能体系时，文化适应实际上是建立一种新文化体系的问题，它不仅存在风俗、信仰、制度等的再解释，而且存在着目标与价值、行为与规范的再取向。②

人类的文化适应较为侧重群体层面，通过群体活动获得社会文化的力量，以教育、创新、发明等方式调整成员的行为习惯，以使社会得到继续的发展。文化的适应也赋予个体更大的活力，它使人们可以通过文化的习得与创新改变环境。不同文化要素之间可以进行跨越式的交流、吸收，旧秩序和规则不断被打破，重新组合并吸收新的文化要素。任何文化的人们都需要不断重新定位，以期在这样一个变动的社会里获得新的生存空间，重构自身。适应的含义已不再是习惯地简单吸收和借鉴，更包含了发展和创新的含义。③

关于适应的类型，各国学者提出了不同的适应类型。如韩国学者 K. C. 金（K. C. Kim）将一些移民的适应类型定名为“非零和型适应”，即“和而不同”（Non - zero Sum Model of Assimilation）。以金为首的一些学者将韩裔移民在适应美国社会的同时绝不放弃自己的文化内核的适应状态称为“执着性适应”（Ad-

---

① ［美］C. 恩伯、M. 恩伯：《文化的变异》，杜杉杉译，沈阳：辽宁人民出版社，1988 年，第 43 页。

② 庄孔韶主编：《人类学概论》，北京：中国人民大学出版社，2006 年，第 298 页。

③ 庄孔韶主编：《人类学概论》，北京：中国人民大学出版社，2006 年，第 26—27 页。

hesive Adaptation)。[①] 日本学者广田康生也提出了“黏合性适应”。所谓“黏合性适应”，指的是一种特定的适应形态，它并非修改和置换移民的传统文化及社会性网络的重要部分，而是将其与移居国之间所建立的新的社会关系及文化增加进去。[②]

韩国人在中国的环境中，没有法律上的排斥、制度上的种族主义，他们不存在非要在自己国家和目的地国之间选择一者的困惑和尴尬，所以较少具有“文化边际人”的心理。韩国人群体作为迁入社会结构中的新要素，既非生活在“夹缝”中，也非主动接受整合，而是一种共存的状态。他们以一种积极的态度去接受自己所处的新环境，因而成为汉人社会中一个很有活力的、具有主体性的要素，这种适应状态可以称为“适应而不同化”。适应异质社会本身就是一个极具复合性和立体性的过程，移民或跨境者要对自己所处的新旧环境加以协调，为不断维持和改善各项生活条件而不断调整生活方式。在适应的过程中，也不会削弱或使其抛弃韩民族的传统文化和社会关系网络，有时甚至是强化了其组织内部的联动关系。正因为如此，来京韩国人对于族群内部的联系更加依赖，从而使得在京韩国人借助组织和社区的凝聚作用来应对来京后所遇到的各种问题和情况。独特的“韩人社会”的形成也正是应对异质文化的一种适应策略。

1.2.2 文化的连续与中断

在对一个同质社会的濡化研究中，文化的连续性是指个体在

① ［日］广田康生：《移民和城市》，马铭译，北京：商务印书馆，2005 年，第 69 页。

② ［日］广田康生：《移民和城市》，马铭译，北京：商务印书馆，2005 年，第 95 页。

长时间获得了文化的期待与责任，而文化中断（cultural discontinuities）则意味着文化期待和角色需求学习的非连续性。[①] 文化中断可能发生在单一文化内，也可能发生在异质文化之间。

奥格布（Ogbu）在他所构建的“文化生态模式”中，完整地阐述了“文化中断理论”。[②] 一个族群的价值观与文化的实践是有条理的，然而一旦发生涵化现象，不同族群的价值观便会出现对比、表现差异甚至形成冲突。另外的一种情况是，在一个同质社会中，当发生的变化与现存的价值观和实践活动不协调和冲突时，也会发生价值的中断和文化的中断。[③] 关于中断的原因，吉宁（Geling）也作过分析，他认为文化是在人们的交往实践中传递的，知识本可以在人民中间自由传播，不过由于某些社会界限（宗教、种族等）阻碍了这种传递，从而造成了不均衡的知识分布。在异质社会中的文化中断则主要指文化间交流等活动的误读与中止。[④]

在当今不断扩大的全球化过程中，族际交往越来越频繁，跨境行为也不再鲜见，随之会发生因不同习俗、观点和价值观的差异而引起的文化不适应，即文化中断。在文化发生中断的群体中，其价值观、信念、语言也会受到影响。

李朝辉将文化的中断分为浅层中断与深层中断。她认为，深层文化中断是在跨文化接触过程中，因不同的文化原则、信仰和

---

① 庄孔韶主编：《人类学概论》，北京：中国人民大学出版社，2006 年，第 292 页。

② Ogbu. J. U，1988，Diversity and equity in public education：Community forces and minority school adjustment and performance. In R. Haskins & D. MacRae（eds.），Policies for America ’ s public schools：Teachers，Equity and Indicators. Norwood，NJ：Ablex.

③ 庄孔韶：《教育人类学》，哈尔滨：黑龙江教育出版社，1989 年，第 77 页。

④ 庄孔韶主编：《人类学概论》，北京：中国人民大学出版社，2006 年，第 302 页。

价值观而出现的不认同、不适应和不理解的文化挫折表现。它是一种文化特定内涵与族群认同的长期濡化与内化的结果。透过文化中断的场景表现，可以发现作为某一族群成员的文化身份的标志与特征。文化的深层中断一经形成便难于弥合。文化的深层中断还在于，无论在社会发展变革过程中，还是在跨文化交流中均具有相对持久性。深层文化中断具有如下的特征：原生性、无形的制约性、内发性、不易同化性、难以掌握性等。

浅层文化中断多是由外在的、表面的风习所致。只要了解，渐渐熟悉，自然而然地就会实现跨文化的适应。这种文化中断发生后的适应性表现不会挑战其作为某一族群成员所应该具有的文化身份，也不会动摇其族群文化的认同。

文化的浅层中断是外在的、表象的，而文化的深层中断则是内涵的、根本的。浅层文化中断可以通过跨文化的学习和体验加以弥合，而深层的文化中断则难以弥合却能够建立互相理解。①

虽然中韩文化存在很强的同源性，但是由特定的时代和文化变迁所造成的浅层和深层中断仍然是存在的。特别是深层中断所带来的难以弥合感，使得不少韩国人更倾向于依赖本族群体。

1.3 有关族群理论的探讨

族群是人类社会群体层次划分的种类之一，是一种“自认为或被认为具有共同世系、起源从而也具有共同文化的人群范畴。族群的存在和绵延取决于人们对他们的历史和文化的认

---

① 上述观点参见李朝辉《浅层文化中断与深层文化中断》，中央民族大学博士学位论文，2004年，第137页。

同。”[1] 族群是有边界的单位，在跨文化环境中形成边界。埃里克森（Thomas Hylland Eriksen）认为，“族群是经在与其他族群的关系中确定的，并通过它的边界而明显化，但族群边界本身即是一种社会的产物，其强调的方面各有不同，而且随着时间变迁而变化。”[2] 在很大程度上，族群正是在人们日常互动中的社会生活里被创造与再创造出来的，族群的出现及其意义是与社会境况、际遇以及人们处理生活中的需要与竞争的方式有关。[3]

族群性是群体之间依靠各自特性之间的文化差异进行持久性和系统性交流的结果。“群体意识具有多层次性，由于群体认同是与其他群体接触时才出现的问题，在人们置身于不断扩大的群体并与其他群体接触时，认同的范围也在不断扩大。”[4]

学者们关于族群认同的观点可以大致分为原生论和工具论，但是边界理论也有不少的支持者。

原生论认为，根植于遗传性集体经验的认同是“原生的”。传统是摆脱不了的，它已经深深地浸入到了血液中。原生论强调文化背景，把族群看作是一块飞地，人们在其中保留他们独特的文化和行为。

格尔茨（Clifford Geertz）认为，族群问题是一种原生情感。在血缘、语言、习俗等方面的一致性中，蕴含着一种自在自束、难以名状，有时甚至是难以抗拒的强制力。把一个人与他的亲

---

① 庄孔韶：《人类学通论》，太原：山西教育出版社，2003 年，第 340 页。

② Eriksen，Thomas Hylland，1993，Ethnicity and Nationalism：Anthropological Perspectives，London：Plouto Press，p38.

③ 费孝通：《中华民族的多元一体格局》，载《北京大学学报》1989 第 4 期，第 1—5 页。

④ Gladeny，Dru. C，1996，Relational Alterity，History and Anthropology，Vol. 9，No. 4，p455. 转引自马戎《试论“族群”意识》，载《西北民族研究》2003 年第 3 期，第 5—16 页。

戚、近邻、宗教同伴束缚在一起的原因，并不仅仅是由个人的情感、实践中的必要性、共同的利益或由此招致的义务决定的，至少在很大程度上，这是由那种起因于原生纽带本身，但难以解释清楚的绝对意义决定的。这些原生纽带的强度及类别可能会因人、因社会和因时代而异。但是，几乎在任何一个社会、任何一个时代、就任何一个人而言，有些情感则更多的是源自于某种自然或“精神上”的同源关系，而不是源自于社会互动。①

不能低估原生论所认为的族群认同所具有的强大文化推动力。这种族群认同意识从人们的内心深处升华出来，是无法割舍和超越的。虽然人们不能直接接触到它，却可以很清楚地感知到。原生论的族群观在社会濡化（或涵化）的过程中逐步变得根深蒂固。人们一旦被濡化（或涵化）为某一特定族群，作为其中的成员，对其族群所生发出深深眷恋的同时，亦被该族群要求忠实于这种情感。

工具论（亦称为场景论）则认为族群认同是政治经济资源之一，强调族群中的个体能够削弱或重新解释族群认同，甚至以不同的方式塑造它。该理论强调族群认同对场景的回应能力，一个社会的族群特征是偶然伴随着情景的，它不是与生俱来的。②

在个人认同上，工具论强调人们的族群认同会随时有涨有落，个人为了自身的目的，会使用和隐藏自己的族群认同。人们有能力根据场景的变迁对族群归属作出理性选择；认同是不确定、不稳定的，是暂时的且有弹性的；群体成员认为改换认同符合自己利益时，个体就会从这个群体加入另一个群体。③

---

① 庄孔韶：《人类学通论》，太原：山西教育出版社，2003 年，第 346—347 页。

② Eriksen，Thomas Hylland，1993，Ethnicityand Nationalism：Anthropological Perspectives，London：Plouto Press，p38.

③ 陈心林：《族群理论与中国的族群研究》，载《民族学与人类学研究》2006 年第 1 期，第 6 页。

因此，场景论认为，族群认同是多重性和层次性。场景论解释了人们是如何运用族群认同达到经济的、社会的、政治的目的的，从而说明了并非如原生论所说的，族群认同只是先赋性的、原生的。为了适应多元社会中的经济生境，一个群体可能强调共享的族群认同作为增强协作的手段，将族性视为不同利益和地位群体的社会、政治、文化资源。族群特质将会在不同历史时期有不同表现，群体认同还会在不同世代之间转移。① 只要能增进利益，族群纽带就会有巨大的号召力。族籍并不是什么不可或缺的身份，在追逐利益的过程中，族籍可以被很多身份替换，如职业、阶级、性别等。

不过，场景论容易忽视与族性相关的深层次的文化和心理需求。

族界理论的代表人物弗雷德里克·巴特（Fredrik Barth）在其主编的《族群与族界：文化和差别的社会组织》一书中认为，族界的作用并不在于隔绝人们的交往互动，而在于组织（organizing）、沟通（canalizing）、结构（structuring）和规范（standardizing）人们之间的互动；族群并不是一种文化承载和区分单位，而是一种社会组织。自我认定的归属（self - ascription）和被别人认定的归属（ascription by others），是族群的最重要的区分特征。②

这样，当行动者为了达到互动目的，按照他们的族群身份来类分他们自己以及别人的时候，他们也就形成了巴特所界定的组织意义上的族群。对族群的界定，更大程度上是族群认同和族界维持的一种“牵涉”或结果，文化差异在族界维持过程中得到

---

① 庄孔韶主编：《人类学概论》，北京：中国人民出版社，2006 年，第 313—314 页。

② 庄孔韶主编：《人类学通论》，太原：山西教育出版社，2003 年，第 344 页。

了延续。巴特对于人类学族群理论的影响主要在于他改变了人们对于族群这一概念的认识，即：族群并不是在地域、经济和社会隔绝状态下形成的文化承载和区分单位，而是一种人们在社会交往互动中生成的社会关系或组织。从人们互动中存在的不同文化之间的共生关系和社会整合的必要性来理解族群认同，以及族界的生成和维持，这正是巴特的独到见解。①

美国学者 T. H. 埃里克森（Thomas Hylland Eriksen）也是边界论的支持者。他在《族群与民族主义：人类学透视》中提出，族群是通过与别的群体的关系加以定义的，通过边界加以突出，而边界自身是一个具有可变重要性的和随时间而变迁的社会产物。很多文化的差异被回忆起来，而且被用作区分两个群体的证据，仅仅是当它们是在相互影响中制造差别时，文化差异在族群边界产生中才是重要的。文化的变化是边界的一种结果而非边界的原因。② 而唐·汉德尔曼（Handelman）认为，族群范畴是通过互相排斥的认同标志和族群网络外的其他渠道沿着族群线大量相互影响的不断运用而构成的。

本研究认为，以上三种理论在解释韩国人群体时都有一定的解释能力。

不能否认，来京韩国人的族群认同中体现出了较强的原初主义倾向，以原生情感为动力，其强烈的求同意识的形成符合原生论的解释。他们在教会、社团、学校等的活动中保留了独特的族群文化和行为以及高度的族群认同，这种族群认同高于任何其他在京跨境群体。值得一提的是，在来京的韩国人中，大量的留学

---

① Barth, Fredrik, 1969, Introduction In Ethnic Groups and Boundaries: The Social Organization of Culture Difference, Bergen: Universitetsforlaget and Boston: Little, Brown and Company, p. 9 – 38.

② T. H. 埃里克森：《族群与民族主义：人类学透视》，王亚文译，兰州：敦煌文艺出版社，2002 年。

生主要是学习汉语和汉文化，但是对中国文化的学习并不会影响他们内心深层的族群意识。一些表层的文化要素容易得到吸纳，但是并未触及他们的认同层面。内心的族群认同的改变远没有那么轻松和容易。

同时，个体的认同并非是绝对的，特定个体受到社会情境的影响而有着一些不同的族群认同。认同既可以是自己选择的，也可以是强加的，如群体对成员的归属感和共同目标的灌输。族群认同并非简单地将世界划分为“我们”与“他们”，而是划分为不同的层级性的“我们”和“他们”两个类别。在需要表达强烈的族群自尊心和自信心的场合，如韩日世界杯足球赛期间，在京韩国人的族群意识达到了空前的高度，所调动出的空前的凝聚力令人惊叹。但是，应该认识到，这种认同带有一定的场景性，并在瞬息间有涨有落，呈现出极大的差异性。

有韩国学者认为，韩国人共同体意识就像一口柴火烧热的锅，有柴火的时候，锅是热的，但是当柴火燃尽的时候，锅会一下子就变凉。也许这一观点不一定能得到很多人的认同，但是的确在一定程度上反映了韩国人族群认同方面具有场景性的特点。再如，韩国人对外的时候，表现出一股强大的族群认同和凝聚力，但是在族群内部却时而会起争端，这一点我在韩国工作时体会很深。为了竞选总统，全国各地方势力十分活跃。韩国人遇到外国人、异族人，同乡、同族自然是可以依赖的关系网，但是在群体内部，互相之间也有可能成为敌对关系。因而关系始终处于变动之中，具有可伸缩、可操控的特点。

另外，认同也源于构建着的文化边界和被扩大了的文化差别。一些群体的文化内涵似乎已经和其他群体相类似，但是他们对本族群的感情认同依旧如故。这表明并不是文化间的差别真的有那么大，而是持久的族群认同强化了日益相似的文化之间的细微差别。族群成员的主观认同对族群的传统文化可以起到一定的维护作用。在古代，韩国社会主动将自己认定为“小中华”，并以此为荣，但是到了现当代，却主动寻找一些文化因素来强化两个族群间的差异。因此，客观静止的文化分类的标准，无法解释诸多的文化现象，族群自我意识的强化，设定界限的心态在实际的调查中仍是值得思考的。

因此，在京韩国人其原生性的情感认同在不同历史时空和政治背景以及族群的互动关系中有着十分复杂的表现。其认同的形式和动力并非是原生的、工具或场景的、边界的单一过程，而是内在情感和外部关系互相关联的复杂实践和主动建构。

1.4 人类学有关组织的理论

一个社会需要用某种关系把它的成员联结为一体。传统韩国的社会组织与中国古代的差别不大，是以宗族为基本的组织单位的，一个宗族或多个宗族组织生活在同一个村落，又使血缘和地缘凝结在一起，共同成为韩国人的基本的社会组织方式。血缘和地缘结合，构成了较强的乡土意识和较为封闭的社区意识。

日本学者祖父江孝男《韩国人的意识和行动》以及末成道男的《韩国和中国汉族的比较》，都提出了韩国父系亲族集团发达、社会纽带强韧的特点。

韩国本土学者金黄玉（Kim Kwang - Ok）在《共同体意识及其现实——新宗族主义的出现》[①] 中提出，韩国的村落共同体被认为是一个传统的共同体，这个共同体被社会伦理体系和等级制度所影响。很多文化工具和机构在村民需要时提供帮助，人们

① Korean National Commission for UNESCO，2003，Korean Anthropology：Contemporary Korean Culture in Flux. Seoul：Hollym International Corp.

还在经济上和生产上通过很多形式（仪式、祭祖等活动）进行合作。村落共同体借助这些活动为人们提供强大的对同质性的认识，促进了精神和情感上的联系。另外，合作的财产被用作共同的福利，因而使全体成员受益。宗族，因而成为一个宗教性的、历史性的和经济性的共同体。

日本学者朝仓敏夫在《韩国社会的地域性》一文①中提到了韩国社会虽然有着地域差异，但是仍具有很强的同质性特征。他们（指韩国人——作者注）重视家庭，个人对家的依赖也十分强。他还特别提到了亲疏观念，这些亲疏观念主要是参照就读的学校、家乡、是否同族等因素来进行判断。文章还指出共同体意识会对个人特性造成埋没。

韩国学者朴昌根提出了因缘主义价值观的观点②，他认为价值观对现代韩国人的组织结构有着很大的影响。在韩国人看来，人际关系的生成、存在与变化起因于人与人之间的因缘，因缘是人际关系的本质，而人生乃是不间断的结缘与断缘的过程。近亲远疏等处世原则在韩国人看来是很自然合理的。在韩国社会里，所谓因缘包括血缘、地缘、学缘、职缘等。由于受到儒家思想的影响，上述因缘中最受重视的是血缘。其他方面，即学缘、地缘、职缘等作为使韩国人摆脱血缘关系狭隘范围的因素，在韩国人现实生活中成为沟通同一学校、同一地区、同一工作单位的社会成员之间关系的重要纽带。

韩国本土学者 Yee Jaeyeol 写的《韩国人的社会网络》（《The

---

① ［日］杉山晃一、樱井哲男主编《韩国社会の文化人类学》，东京：弘文堂，1990 年。

② ［韩］朴昌根：《论韩国人的因缘主义价值观对韩国社会政治、经济、经营现代化的影响》，引自朴昌根《全球化与韩国的应对》，首尔：韩国白山资料院，2003 年，第 272—286 页。

Social Networks of Koreans》)① 一文将社会网络分成两大类。一类是传统型的，具有封闭性，是由血缘、地缘等关系组成的。另一类是开放型的社会网络，对成员没有什么限制。传统韩国社会属于第一种社会网络的特征比较明显，不过开放性的组织在现代社会也越来越多。

李亦园（1970）《一个移植的市镇：马来西亚华人市镇生活的调查研究》是从文化适应的角度出发的，但对于组织在跨境情形下发展方式也有一定的思考。他发现，为了在新世界中生存下去，这些跨境者把自己的文化移植到了一个新的环境中。他们常常会按照自己的文化传统和习惯来设计和组织自己的社会，从而与大社会有一个相对隔离的状态，李亦园把它称为“一个移植的市镇”。文化移植理论强调，跨境者如果认为很难通过文化的同化而适应新的环境，常常需要依靠本民族的文化传统和社会关系，在异国形成自己独立的社区。文化移植理论实际上强调了本族文化给移民带来的“造血功能”，这种造血功能为其适应异文化起到了决定性的作用。这不仅仅是一种跨文化的适应策略，也是必不可少的适应途径和方法。② 文化移植理论的价值在于，它向人们表明，移民在新的世界中并不总是被动地去适应新环境，他们同时积极地重构当地的文化，创造新的文化和新的社会。李亦园的观点为理解在华韩国人的组织提供了一种思路，有助于我们结合韩国本土的实际和在中国的现实进行思考。

20 世纪 80 年代和 90 年代，现代社会的组织开始经历变革。人们对现代社会组织的研究进入了一个新的阶段。有学者将现代

---

① 见 Korean National Commission for UNESCO，2003，Korean Anthropology：Contemporary Korean Culture in Flux. Seoul：Hollym International Corp.

② 陆益龙：《嵌入性适应模式——韩国华侨文化与生活方式的变迁》，北京：中国社会科学出版社，2006 年，第 10—11 页。

社会的组织进行了细划和分类，比如媒体组织、工厂组织等。在变革的背景下寻求新的方式去管理组织的过程中，“文化”的概念被突显出来。有人类学研究者（Morgan 等）用三种理论模型来解释组织：即组织作为一个理性的经济系统，组织作为一个有机生命系统和组织作为一个文化的系统。作为一个理性的经济系统，组织管理是实现其规划目标和获取最大价值利益的重要机制；作为一个有机的生命系统，组织有着其自身的生命周期，并重视与外部生长环境的适应和协调；作为一个文化系统，组织则具有自成一体的组织文化，而这样的组织文化正是实现组织管理和控制并联结其成员的根本机制。①

该项研究从人类学的观点出发，不再单纯地把公司看作是理性的经济系统，而是把公司组织看成是一个自成体系的文化系统，因此，公司的价值观、职员日常生活中的态度都被作为文化事项而用来对组织文化进行考察。

切斯特·巴纳德（Chester Z. Barnard）② 呼吁人们重视在组织中发挥作用的那些不为人所察觉的共同信仰，试图将人类学意义上的文化应用于组织当中。③。迪尔（Deal. T.）和肯尼迪（Kennedy. A）在对工厂组织进行研究时认为，将“文化”视作凝聚员工的“粘合剂”，并且作为一个团体，它能够对迅速变革的全球化的竞争做出回应。“强有力的文化”已经被确信为组织经营成功的必要条件，现在的公共的或志愿的组织，若没有共同

① 见 Susan Wright，1994，Culture’ in Anthropology and Organizational Studies，Anthropology of Organizations，London and New York：Rouledge. 另见田宏亮：《控制与协同：一家高科技企业组织文化的民族志报告》，香港中文大学博士学位论文，2004年。

② 西方现代管理理论中社会系统学派的创始人（1886—1961）。

③ Chester Z. Barnarnd，1938，The Functions of the Executive，Mass：Harvard University Press.

的使命则不会成功。“文化”已然被看作是观念和组织风格。[①]

将现代组织理解为建构意义的地方，这一观念对于理解在京韩国人公司组织有着很大的意义。

1.5 有关族性的研究

有关族性的研究始于20世纪二三十年代。人类学家米德（Margret Mead）最早开始研究不同社会的儿童教养方式对人格的影响，她指出一种文化完全可以将某种行为模式强加于享有这种文化的所有成员或其中的某一性别，她的观点表明了后天的文化对于性别和气质的养成有重大的影响。随后，本尼迪克特（R. Benedict）用“文化模式”的观念说明文化是个人性格投射和放大的结果，以及不同文化孕育下所形成的不同人格。她十分注重从整体上研究某一文化的特征。她认为，“每一种文化内部都有多样性，但每一种文化也都具有主旋律”，她所说的主旋律就是“民族精神”。在对日本族性的研究中，她也是由教育、训练孩子的方法中探讨日本社会行为方式、社会关系结构的形成原因和发展线索的。

在此基础上，林顿（R. Linton）、卡迪纳（A. Kardiner）等人系统地提出了“基笔者格结构”理论，即一个社会的成员因共同的早期养育和训练而具有的共同人格结构。按照他们的理论，一个民族的基笔者格结构是由于那个社会的“初级制度”如生产方式、家庭婚姻、儿童养育等所形成的，而基笔者格结构又投射到形成该民族的“二次级制度”如宗教信仰和神话传

---

① 见 Susan Wright，1994，Culture’ in Anthropology and Organizational Studies，Anthropology of Organizations，London and New York：Rouledge.

说中。

此后，杜波依丝（Cora Du Bois）提出了“众趋人格结构”（model personality）的概念。这一理论认为，社会成员与基笔者格结构的合致程度，只能以统计学的众数（mode）来表示。人类学家所描写的某一民族的特殊性格，在实质上只是一种众趋的形态。“众趋人格结构”这一概念逐渐发展为“族性”的概念。

族性的理论后来一度受到质疑，有关族性的理解在一段时间发生了一些认识上的变化。在大的政治文化群体中存在着单一人格类型的假设有时难以解释群体内部的多样性的事实，这使得人们对社会文化影响的一致性提出怀疑。

不过本研究认为，族性的研究依然有着重要的意义，特别在教育、哲学、组织、军事等领域需要寻求大面积的同质性思考。例如教育的施与就是，首先要考虑到同质性的前提设定，这是建立教育模式的基本出发点；其次才是要考虑到由差异性引起的“因材施教”。不同的文化环境的确可以塑造各具特色的人的思想与民族的气质。人格并不是恒常的，不同族群对“相同”的情景的反应，有相当一部分是取决于群体人格、态度、价值观和文化精神的。“为了了解某一群体对某一特定的历史情景的反应，必须了解其文化、价值观及态度。”①

韩国人地域环境比较独特和封闭，文化上受儒教影响深远，并且也受到本土的花郎道精神——尚武进取精神的影响，且（血缘）民族单一，历史上又饱受外族侵略，因而其族性也愈发鲜明，国内外不少学者对此做出了分析。

韩国学者尹泰林在《韩国人的意识构造》中概括了韩国人的性格，如感性认识强于理性认识，保守倾向强，权威主义和等

① 参见［美］维特·巴诺：《心理人类学》，瞿海源译，台北：黎明文化事业公司，1987年，第555—558页。

级意识分明，现实和功利的世界观等等。韩国学者金烈圭、李圭泰也同样提出，韩国人集团意识和等级意识的坚固。韩国学者李御宁撰写的《韩国人的心》一书是一部有关韩国人论的较早的作品（原文叫《恨的文化论》）。该书指出韩国人的“恨”是“怨恨”之意，分析了韩国人形成怨恨的对象和原因。不可否认，韩国独特的历史对造就韩国族性有很大的作用。日本学者黑田胜弘在《韩国人的思想》一文中提到，朝鲜半岛的分裂对韩国人压抑性格的形成有一定的影响。韩国学者金在恩在《韩国人的意识与行动样式》一文中提出韩国人很注重自身与他人的关系。韩国人的意识深处存在权威主义、利己性和无秩序意识等。韩国学者崔在锡在《韩国人的社会性格》中认为韩国社会的家族主义特征十分明显。韩国学者姜宗焕在《韩国人像的探索》一文中将韩国人的性格概括为依他性、保守性、现实主义和娱乐性等几个方面。他将韩国人的行动特性归纳为：族群认同强、富有创造性、富有协同精神。

另外，韩国学者李符永对韩国人的族性予以了较为客观的分析。[①] 他从积极和消极两方面对韩国文化进行了全面的总结。详见下表：

正面评价	族群优越感、具有共同一体感、品德谦让、对人恭敬、忍耐、富有人情味、直觉思维、善于与自然调和等
负面评价	族群劣等感、利己、排他、门派之争、自我膨胀、自我夸饰、急性子、过于重视家族的荣誉等

有趣的是，上表中的某些特点是矛盾和对立的，由此也可以看出，族性具有复杂的特征。但基于此的某种判断可以作为我们

① 参见［韩］金在云：《韩国人的意识和行动样式》，首尔：梨花女子大学出版部，1987 年，第 97 页。

理解并解释其认同和行为的一致性和差异性的起点之一。

沈仪琳是中国学者中对韩国人的族性较早做出研究的一位学者。她在《朝鲜人性格分析》一文中，将朝鲜人（韩国人）的性格概括为凝聚力、奔放冲动、乐观精神与现世主义、孝与敬等几个特点。

这些论述对韩国族性有很深的理解，也对发生在当代的韩国文化聚合与推进从族群理论之外给出了有利的佐证。

1.6　有关韩国和韩国文化的研究

前文已说，有关韩国和韩国文化，国内的研究偏重于韩国的历史、古代宗教、外交关系、政治制度、习俗等等，在复旦大学韩国学研究中心、北京大学韩国学研究中心和南京大学韩国学研究中心出版的多部学术论文集中，上述研究占了主导位置。具体到中韩文化对比这方面，则围绕儒家思想的影响、中韩传统文化对比的文章很多，还有一些文章中可以见到一些韩国人对于本族的历史观的评价，不过也多是从国际关系和历史的角度来理解的。

国外的研究从文化的角度切入的比较多，比如围绕族性进行研究的文章（详见上一节）。也有一些是从人类学的角度对韩国人群体和韩国文化予以关注的。欧美学者撰写的著作有：Korean National Commission for UNESCO 编写的“Korean Anthropology: Contemporary Korean Culture in Flux”（2003）、Maarten Meijer 的“What's so good about Korea, Maarten?”（2005）、Hagen Koo 的“State and Society in Contemporary Korea（1993）”，这几本著作对韩国社会和组织有所阐述。而下面的这些作品则偏重于静态的文化因素的考察：Lee Kwang Kyu 的“Korea Traditional Culture”

(2003)、Keith Pratt 的 "Everlasting Flower: A History of Korea" (2006)、Yu Hong June 的 "The Origin and Future of Hallyu" (2006)、Korean National Commission for UNESCO 编写的 "Korea History: Discovery of Its Characteristics and Developments (2004)、Hyung Il Pai 的 "Constructing 'Korean' Orgins: A Critical Review of Archaeology, Historiography and Racial Myth in Korea State – formation"、Kim Moo – Kon 的 "Moving toward an Asian Cultural Community" (2004) Hyun Oh Seok 的 "Taking Advantage of the Hanllyu Wave" (2004) 等文章是对现代韩国社会的分析。总的来说，英语文献对于韩国社会、组织有所涉及，而且取得了一定的成效。

韩国学者撰写的著作有：尹泰林的《韩国人的意识构造和传统伦理》(2003)、韩永愚的《韩国的文化传统》(1988)、金在云的《韩国人的意识和行动样式》(1987)、尹淑英的《韩国文化史》(2005)、李基白的《民族和历史》(1987)、金正义编写的《韩国史的理解》(1988)、金汉奎编写的《韩中关系史》(1999)、姜宗焕的《韩国人像的探究》(1985)、李圭泰的《韩国人心的构造》(1986) 等等。关于韩人共同体，韩国本土学者 Eyi – Young Yu 写的《The Korean American Community》分析了韩国人群体在美国的移民类型、居住类型、移民的历史和文化的原因、移民之间的代际差别、语言使用情况、教会和媒体的作用等等。虽然研究对象是在美国的韩人共同体，不过对于海外其他国家（如中国的）韩人共同体的研究也有一定的参考价值。朴昌根的研究成果对本研究有一定的帮助，如《论韩国人的因缘主义价值观对韩国社会政治、经济、经营现代化的影响》、《论韩国人的权威主义价值观对韩国政治民主化与经济现代化的影响》等。

日本学者撰写的作品有：杉山晃一、英井哲男的《韩国社会の文化人类学》（1990 年）、北厚淳的《共同体の思想——村落开发理论の比较社会学》（1996）、国际文化财团编（金烈圭执笔）的《韩国文化のルーツ——韩国人の精神世界を语る》（1987）、伊藤亚人、郭敬久编的《韩日社会组织的比较》（2002）、原ひろ子等著的《家族的文化志》等等。这些著作对于韩国传统组织及传统文化有较多的分析和阐述。

上述研究涵盖了韩国的传统文化的源流、韩国人的精神构造、韩国社会组织等。这些作品对本研究的写作具有很大的参考意义。不过，仍未找到集中论述韩国人族群性的成因、现代韩国人族群意识的变迁、韩国社会内聚力的形成、对于韩国人公司组织从人类学角度的观察等方面的文献。至于当今韩国人在汉人社会所表现出来的文化及与汉人社会的互动等一类的文章也十分少见，这也为本研究的写作留下了不少的空间。

1.7　有关“文化”的理解

文化历来都是人类学研究中的永恒主题，也是本研究讨论的核心。那么什么是“文化”呢？有必要对本学科对文化的定义进行一下梳理。自英国人类学家泰勒（Edward B. Tylor）于 1871 年在其名著《原始文化》中将“文化”定义为一个复合体，包括知识、信仰、艺术、道德、法律、风俗以及作为社会成员的人所获得的其他任何能力和习惯”[①] 以来，有关文化的定义已达到一二百种。如博厄斯（Franz Boas）将文化定义为“包括社区中所有社会习惯、个人对其生活的社会习惯、个人对其生活的社会

① Edward B. Tylor, 1958, Primitive Culture, Harper and Row, p1.

习惯的反应及由此决定的人类活动。”①

马林诺夫斯基（Bronislaw Malinowski）认为文化包括一套工具及一套风俗——人体的或心灵的习惯，它们都是直接或间接地满足人们的需要②，是人们为圆满地处理在满足需要的过程中所面临的各种问题的手段装置。③ 新进化论的代言人之一，斯图尔特（J. Steward）研究生态环境与文化的互动。他指出，文化是人类适应社会环境的工具，各族群文化的发展便因生态环境的差异而走上不同的发展道路。④ 20 世纪 30 年代兴起的心理人类学流派，着力探讨文化与人格的关系。他们认为，文化塑造了各民族的基笔者格。该学派的主要代表人物林顿（R. Linton）指出，“文化乃是习得的行为及行为结果之综合体，此行为结果之组成要素，由某一特殊文化的成员所共享并传递。”他认为，人类环境是由一群有组织的个人组成的，这就是社会，而该群体的生活方式的特征就是文化。因为个人行为模式的形成，甚至于内心深处的情绪反应，都是个人与人类环境互动的结果。不论何人，他必须是个社会成员，在社会结构中占据着特定的地位、身份，并扮演着特定的角色。所以，他同时也是文化的享有者、传递者、修正者和发明者。⑤

C. 恩伯、M. 恩伯认为，文化是我们身外的东西，但是对我们施加着强大的强制力量，我们并不总是能感到文化强制的力

① Franz Boas: Anthropology, in E. R. A. Scligman, ed, Encyclopedia of the Social Sciences. New York: The Macmillan, Vol, 21930, p79.

② 马凌诺夫斯基:《文化论》，费孝通译，北京：华夏出版社，2002 年，第 15 页。

③ 黄书娉、龚佩华：《文化人类学理论方法研究》，广州：广东高等教育出版社，1998 年，第 107 页。

④ 郭志超：《20 世纪文化人类学理论的两大流向》，见《厦门大学学报》哲学社会科学版，2002 年第 2 期。

⑤ ［美］林顿：《人格的文化背景》，南宁：广西师范大学出版社，2007 年。

量，这是因为我们通常总是与文化所要求的行为和思想模式保持着一致。行为的变异总是被控制在为社会所包容的限度之内，而人类学家的目标之一就是去发现这些限制。①

格尔茨（Clifford Geertz）将文化定义为："从历史沿袭下来的，体现于象征符号中的意义模式，是由象征符号表达的传承概念体系，人们以此达到沟通、延存和发展他对生活的知识和态度。"② 庄孔韶认为，"文化是人们在生活实践和传承的思维、行为和组织的方式及其产品。"③ 荷兰学者霍夫斯特德（G. Hofstede）认为：文化是一个环境中人们的共同的心理程序（collective mental programming），是具有相同的教育和生活经验的许多人所共有的心理程序。

近些年来，后现代主义又将文化转换为一个"建构性"的过程。文化的展示是形成文化的核心行为之一，也是被称作"文化的环程"（circuit of culture）的关键点。如果意义是因互动而成，那么文化便具有"被分享的意义"。④

尽管由于角度、层次各有不同，但文化的特点还是可以归纳如下：1. 文化是共享的；2. 文化是习得的；3. 文化是整合的；4. 文化是以象征符号为基础的；5. 文化是适应性的；6. 文化是变迁的。⑤

人生在文化中，为文化所模塑，受到文化的限定和浸润，人是特定文化模式的产物。文化好似强力的胶水，可以将特定的群

---

① ［美］C. 恩伯、M. 恩伯：《文化的变异》，杜杉杉：沈阳：辽宁人民出版社，1988 年，第 36—37 页。

② Cliifford - Geertz，1973，The Interpretation of Cultures，Selected Essays，New York：Basic Backs，p. 89.

③ 庄孔韶主编：《人类学通论》，太原：山西教育出版社，2000 年，34 页。

④ 转引自庄孔韶：《人类学概论》，北京：中国人民大学出版社，2006 年，第 5 页。

⑤ W. A. Haviland，1993，Cultural Anthropology，Florida：Harcourt，p30 - 39.

体牢牢地粘合在一起。文化支配着人们的言行，帮助人们理解自身及其他社会群体的期望是什么，文化为某一群体的言行和思考起着导向的作用。与此同时，文化也提供了满足、调适环境和人际关系的功能。不同的文化都在维护着本社会群体的结构。

文化的范畴涉及了人类行为和观念的方方面面。对文化概念的深入研究将有助于理解文化适应、族群关系、文化实践等相关的主题，也有助于本研究的展开。

第二章 中韩交流的历史和脉络

“在任何别的地方，都找不到像中国和韩国这样维持长久友好合作关系的国家。”①

梳理中韩文化交流的历史脉络有助于了解韩国文化聚合的背景，以及韩国文化在汉人社会的推进过程。

中韩两国有着数千年交往的历史，两国的交往涉及政治制度、经济制度、教育制度、法律制度等诸多层面。另外，韩国在史学、文学、艺术等领域也受到了汉文化的深刻影响。

2.1 古代早期的中韩文化交流（公元7世纪以前）

朝鲜半岛在七世纪以前是古朝鲜时代和三国时期（高句丽、百济、新罗）。这一时期，中韩文化交流的特点是，以汉字和儒学为代表的汉文化在朝鲜半岛上历史性地传入，这对今后古代朝鲜社会形成了巨大而深远的影响。

中韩文化交流始于3000多年前的箕子入朝。据《史记》、

① 金大中：《韩半岛的统一和中国》，见复旦大学韩国研究中心主编的《韩国研究论丛》第1辑，上海：上海人民出版社，1995年。

《汉书》等史料记载，公元前13世纪周武王灭商时，箕子就率殷人5000东入朝鲜建国，史称“箕氏朝鲜”。《汉书》中也记载：“箕子去之朝鲜，教其民以礼仪、田蚕、织作”。韩国最早的史书《三国史记》和《三国遗事》、《朝鲜史略》中也有箕子入朝鲜的记载，并将箕氏朝鲜列为韩国历史上的第一个王朝。

战国秦汉时代，朝鲜半岛为马韩、辰韩、弁韩，史称“三韩”。为躲避战乱和苦役，大批中原人迁徙朝鲜半岛。据史籍记载，燕人卫满也随移民来到朝鲜，并建立卫氏朝鲜（公元前190—108年）。随大批中原流民一起传入朝鲜半岛的还有中原的姓氏、农桑冶铁技术等汉文化，汉朝的文物典章制度与学术思想也已移植和输入到了朝鲜半岛。

公元前108年，汉武帝灭卫氏朝鲜，在辽东和朝鲜半岛北部设置乐浪、临屯、玄菟、真番四郡，势力达到半岛南部。郡县主要官员由汉朝中央政府派汉人担任。汉四郡从设立至公元3世纪废除的几百年间，朝鲜半岛北部直属中国中央政权管辖，册封朝贡关系一直保持，汉文化由此深深地扎下了根。

公元4—7世纪，朝鲜半岛上高句丽、百济、新罗三国鼎立，高句丽、百济分别沿陆路、海路直通中原，而位于南部的新罗则间接地通过上述两国学习和了解汉文化。当时诸国多以汉文为官方语言，常用汉文修撰本国历史，如记载高句丽国史的《留记》以及记载百济历史的《书纪》。新罗统一之前的朝鲜半岛各国无不全面接受汉文化的浸润和熏陶。

朝鲜半岛使用文字和汉字的开端，历来被认为已经无法完全了解清楚，但一般认为可以追溯到纪元前后的三国形成之初。由于地理位置的优势，高句丽是三国中接受汉文化较早的国家。《三国史记》的《高句丽本纪》记载，婴阳王（高句丽第26代王）十一年（公元600年），诏太学博士李文真编撰国史，名为《新集》，上有“国初始用文字”的说法，其“文字”指的理应是汉字。《旧唐书·东夷·高丽》中记载，当时高句丽居民喜爱看的书就有《五经》、《史记》、《汉书》、《后汉书》等，另外《玉篇》、《字统》等书籍也是高句丽贵族子弟学习文化的基本教材之一。

从纪元前后汉字开始传入朝鲜半岛时起，至 15 世纪中叶朝鲜文字创制时止，在一千多年的时间里，汉字和汉文一直是朝鲜半岛唯一的书写文字，这在整个东亚汉文化圈内也是绝无仅有的。据当时汉字的传来，可推测汉字中所包含的儒教思想亦被传入、习得[①]。至三国时代，儒教思想和中国典章制度都已有较大的影响，孔孟儒学思想在韩国广泛传播开来。

高句丽在小林兽王（第 17 代王）二年（公元 372 年），就“立太学，教育子弟”。太学即国立大学，完全仿照中国模式，教育内容是用汉字书写的儒家经典，受教育者为贵族子弟。高句丽的平民子弟学校设有“扃堂”。通过太学和扃堂的学校机构，儒家文化获得了在高句丽广泛传播的场所。

百济虽无建立儒教大学的记载，但其受儒教“五经”思想的影响也是很早的。百济很早就有“博士”的称谓，他们主要是精通儒教“五经”的“博士”，“其书籍有五经、子史、又表疏，并依中华之法。”另据《周记》记载，百济的年轻学者“俗重骑射，兼爱经史。其秀异者颇解属文。”这表明以包括儒家经典在内的百济教育得到了很大的发展。

新罗由于地理位置的原因，接受汉文化影响比高句丽、百济晚了一个多世纪，不过发展得却更为彻底，速度也比较快。统一三国后的新罗在吸纳汉文化方面更是达到了一个很高的历史高度。

---

① ［韩］柳承国：《韩国儒学史》，傅济功译，台北：台湾商务印书馆发行，1989 年。

高句丽小兽林王二年（372 年）中国佛教正式传入韩国，12 年以后传入百济，528 年新罗允许佛教正式传播。三国时代，由中国传入的佛教成为在朝鲜半岛最有影响的宗教，特别对统一的新罗有着极大的影响，直到李朝将儒教奉为国教。

2.2 古代中期的中韩文化交流（公元 7 到 14 世纪）

这一时期朝鲜半岛先后有统一新罗王朝和高丽王朝两个朝代。总体而言，中韩交流频繁，特别是在新罗时期达到了一个历史高峰。

2.2.1 统一新罗时期的中韩文化交流

1. 人员往来

新罗统一时代，唐朝政治、经济、文化发展到了一个很高的程度，这对新罗有着巨大的吸引，朝鲜半岛也因此对中华文化（特别是盛唐文化）进行了全面而深入的吸收，两国交往达到了一个新的历史阶段。

由于两国交通便利，众多的新罗人士，如学生、僧人、商人、农民等纷纷来唐学习、经商、务农，其中有不少人定居在长安，并终老于唐朝。新罗人大量入唐成为唐罗关系密切发展的重要方面。下面就介绍几类有代表性的人员的活动。

使节求书。三国时代，各国使节已经开始积极来华进行求书活动。自新罗统一三国后的 648 年开始派使节赴唐，直到其后的 200 年间，新罗都积极派使者赴唐求书，如新罗 686 年向武后求书，还派人购买唐人诗文。

留学生求学。派大量学生入唐求学是新罗王朝吸收唐文化的重要途径，也成为两国留学生往来的一个重要的历史阶段。公元640年，新罗首次派遣贵族子弟前往唐朝入太学（国学）学习。新罗学生入唐求学之风在九世纪达到了高潮。开成二年（837年），在唐学习的学生为216名，840年期满回国的学生数为105人。[①] 自新罗向唐朝第一次派遣留学生直到被灭亡时的近300年间，总共有大约2000余人入唐深造，这一数字是当时其他国家所无法相比的。新罗学生毕业后可参加宾贡科考试，考中的可在唐任官。从九世纪到十世纪中叶约一百五十年间，朝鲜人在中国科举考试及第的约有九十人。[②]

这些入唐求学者回到朝鲜半岛后，被加以重用。其中身世显赫或学识渊博的人被分配到朝廷的文翰机构，负责撰写外交公文、碑文等，也有相当多的人被分配到地方任守令。这些都大大刺激了留学生赴唐的积极性，也促进了新罗政治、经济、教育、文化事业的全面发展，同时使得中华文化传播到了整个的朝鲜社会。

僧侣求法。早在4世纪，佛教由中国传入朝鲜半岛，新罗又由高句丽传入佛教。新罗王朝也派僧人到唐朝求佛法，使得中国的各大佛教宗派纷纷传入新罗。

使者朝贡。据《三国史记》记载，自公元703年到897年，新罗以“朝贡”、“贡方物”等名义派使臣到唐的次数有89次。虽然使者朝贡没有对中韩文化交流产生直接的影响，但是使者在私下与唐人结成了友好关系。

商人涌入。除了留学生、僧人和使者，还有大量的新罗商人、农民来到中国从事各种各样的职业。新罗的商人在山东半岛

① 《唐会要》卷36《附学读书》。

② 周一良：《中朝人民的友谊关系与文化交流》，开明书店，1951年版。

和江淮地区从事长途贩运和贸易往来，北起登州、莱州、密州、青州、淄州，东到海州涟水，西到徐州，南达楚州、扬州、苏州、明州，形成了新罗人的商业网络。八至九世纪，在来华新罗人聚居的沿海地区——山东半岛及江浙地区和运河两岸，形成了新罗人社区，也叫“新罗坊”。[①] 唐朝廷为此专门设立了管辖新罗人的机构。新罗坊是历史上较早的、规模较大的韩国人在华聚居区。

2. 制度和文化的交流

新罗王朝的政治制度是参照中国的制度建立起来的。在中央行政机构方面，仿唐中书门下设执事省，为国家最高行政机构，管理全国政务，长官为中侍（后改侍中），其下设六部。又仿唐之内侍省设内省（后改殿中省），管理王族事务；仿唐御史台设司正府。在经济制度方面，新罗王朝仿唐代均田制实行丁田制，还仿照唐朝实行租庸调法和户籍制。在教育制度方面，新罗王朝还仿唐建立与政治制度结合的教育制度。本来，在新罗占统治地位的是花郎道思想。统一新罗后，政府更需要儒学来巩固自己的统治。于是，新罗于682年神文王二年正式成立“国学”，讲授儒学五经三史，747年改为太学监，并设博士助教。788年设立以中国儒家五经三史为内容的读书出身科，以《论语》、《孝经》为必修教材和科目。这些举措都极大地促进了新罗儒学教育的发展。

直到新罗时期，汉字仍然是朝鲜半岛的书面文字。公元757年，即新罗景德王年间，新罗地名和官名全部改为汉字，这使得汉文化在朝鲜得以顺利地传播。

统一新罗还广泛地吸收中国的天文、历法、阴阳术数之学，

---

① 参见刘希为《唐代新罗侨民在华活动的考述》，载《中国史研究》1993年第3期。

并在科技、乐舞、艺术、工艺、建筑设计等多方面同唐朝进行了广泛的交流。

2.2.2　高丽时期的中韩文化交流

高丽时期，朝鲜半岛与宋朝、元朝保持着一定的友好联系。宋丽时期，由于辽、金的政权的出现，两国的交往受到一定的影响。不过从总体上看，两国使节往来仍较为密切，并通过朝贡和赐予进行物品交换，而民间贸易和海上贸易的频繁交流在一定程度上弥补了两国官方交往时断时续的遗憾。

高丽也派遣很多使者入北宋请求赠书，宋代著名文学家苏轼曾用“山积”来形容当时中国书籍传至朝鲜半岛的盛况。高丽时期崇尚佛教，并将其作为国教加以推行，因此也派僧侣到北宋学习佛经。

中国进入元朝后，高丽与元朝结成联姻关系，这在一定程度上促进了两国之间文化交流的发展和政治关系的稳定。高丽各阶层人士来中国学习和生活者甚众，也有很多人来中国留学。从1315 年起，高丽将在本国应试及第的学子送到中国参加元朝的科举考试，很多人中了进士第。高丽朝进入统治末期时，依然积极地向中国明朝输送留学生。

在思想意识方面，这一时期程朱理学开始传入朝鲜半岛，此后在高丽日渐兴盛，并在李朝时达到鼎盛。在政治制度方面，高丽也大都仿效唐宋制度。“高丽一代之制，大抵皆仿乎唐”①。

高丽对于儒学也很重视，并加强了教育制度的建设。高丽太祖 930 年创制学院，教授儒学经典。958 年高丽成宗接受科举制，设立述、明经二科。自此以后，韩国历代王朝定期举行科举

① 《高丽使》卷 84，刑法 1。

考试，科举考试的内容就是儒家经学，科举制度的推行对高丽儒学的发展起到了积极的作用。992 年在中央设立国子监（1308 年改称为均馆），设立六学。

2.3 古代晚期的中韩文化交流（公元 14 到 19 世纪）

2.3.1 李朝与明朝的文化交流

李朝政府十分重视对华关系，两国使节交往频繁。1592 年，日本丰臣秀吉发动侵朝战争，明朝两次出兵援助，这一事件进一步推动了两国的友好关系。

1. 人员及交流活动

这一时期李朝实行锁国政策，赴京使团成为中韩主要的文化交流渠道。赴京使团是李朝时期为维护事大外交关系并实行朝贡制度而每年向明清派遣出使北京的外交使节，通常使团人员有 300 多人，[①] 每次使团在京停留 1—2 个月。

自 1637 年到 1850 年的 213 年，李朝派往清朝的使节团共达 615 次，清朝派往李朝的使节团次数达 160 次。[②]

2. 主要文化交流内容

图书交流活动。明朝开国后，李朝继续实行科举制度，内容为中国的四书五经，因此对汉文书籍的需求量非常大。同时，李朝两班知识阶层对儒学的学习和吸纳的兴趣不减，学术活动较为

---

① 张存武：《清代中韩关系论文集》，台北：商务印书馆，1987 年，第 307 页。
② 韩国外交通商部通商情报支援组：《韩国主要经济统计》，2001 年，第 16 页。

活跃，引进图书势在必行。这一时期，主要的图书交流渠道有皇帝赠书、政府购书和私人赠书。

明帝共赠给朝鲜 379 册，[①] 此外，朝鲜政府积极鼓励使团成员购买，购书范围最初以经史、诗赋和古籍为主，后来扩大到宗教书籍等。私赠一般在中韩文人和好友之间进行，私赠数量比不上购书和皇帝赠书，但也是一种重要的获得书籍的渠道。

从被动的赐书到主动地购书，表明了李朝积极吸收汉文化的心态和进取心。[②] 通过上述的渠道，李朝获得了各种古籍文献，其数量和种类都达到历史上十分惊人的数量。

在思想文化的交流方面更加活跃和立体化。

语言文字的交流。虽然这一时期世宗大王发明了韩文字，不过中韩之间的交流仍然是通过汉字来完成的。密切的文化交流得益于汉字在韩国知识界的普遍使用。与此同时，李朝对汉语学习更加重视，开国之初便设立“司译院”，以造就汉语人才。1443 年，在世宗大王的组织下，韩国的拼音文字“训民正音”发明了出来。训民正音的创制结束了朝鲜语言与文字不统一的状况，也开创了汉文典籍的翻译事业，大量的汉文书刊被翻译成民众能掌握的韩文，从而极大地加快了汉文化在韩国民间的传播。

程朱理学的传播与影响。高丽时期传入韩国的朱子学在李朝时期发展为以郑梦周为代表的义理学派和以郑传道为代表的理学派。李朝自建国开始就以程朱理学作为制定内外政策的理论基础，确立了朱子学在朝鲜的官方哲学和正统学术思想地位。韩国儒学也完成了其本土化的过程。

---

① 见《世宗实录》卷 62，转引自张存武《清代中韩关系论文集》，台北：台湾商务印书馆，1987 年，第 318 页。

② ［韩］李元淳：《朝鲜西学史研究》，北京：中国社会科学出版社，2001 年，第 22 页。

朝鲜礼学的发展。朝鲜礼学也是在这一时期随着朱子理学的传入而得到发展的。15 世纪中叶以后，朝鲜广泛地开展《小学》和《朱子家礼》的普及和实践活动，这标志着儒学礼仪规范的民众化和普及化。这一时期所强调的礼仪适用的严格性对后代韩国人的伦理观念和礼仪实践都产生了深远的影响。

实学的交流及其影响。17 世纪，朝鲜理学严重脱离社会现实，于是一些韩国学者便借助于从中国传入的实学思想，积极寻求解决社会问题的良方。韩国实学由于强调“经世致用”和“利用厚生”的思想，因此对改良社会起到了积极的推动作用。

这一时期，儒学教育得到了进一步的发展，从中央到地方的入学教育体系逐步建立。在首尔建立了最高学府成均馆和学堂，在地方设置了乡校。这些学校的课程以四书五经等儒家经典和程朱理学为主。同时，所有的学校里都建立了祭祀圣贤的文庙，每月参拜文庙，每年两次举行全国统一的祭奠大典。文庙祭祀的制度化意味着在朝鲜时代尊崇圣贤的教育思想得以建立。

2. 3. 2 李朝与清朝的文化交流

这一时期，在事大主义和华夷观的思想的影响下，朝鲜半岛对中华文化都采取十分积极的吸纳态度。但是在清朝前期，由于受华夷观思想的左右，他们对清朝的文化持否定态度，这在一定程度上阻碍了朝鲜对清朝文化的吸收。

清代中期，由于一些有识之士认识到了清朝的稳定和繁荣，大胆地提出了向清朝学习的“北学论”，从而使得两国文化交流的通道又一次通畅起来。“北学论”的主要代表人物洪大容、朴趾源等都曾入清进行过交流活动，他们所著的《燕行杂记》、《热河日记》及其他入京文人的作品被后人合称为《燕行录》。《燕行录》的创作历经一二百年，记载了很多清朝文化的先进之处。一个国家的文人对另一个国家进行几百年的连续观察和记录，这在世界文化史上也是绝无仅有的。《燕行录》成为今人了解当时中韩交流的最好的史料之一。

清代赴京使臣在书籍交流方面也十分活跃。另外，在汉字文化圈内，他们与明清文人的交流、笔谈，其感情和思想交流的深度是其他异质文化背景下，文人之间的交流所难以比拟的。①

清代，朝鲜首次向中国派遣留学生是顺治五年（1648），留学目的是“学西洋历法”。② 此后，朝鲜又多次派人来华学习历法。光绪六年（1880），针对日本灭亡朝鲜的企图，清政府决定接收学习科技的朝鲜留学生：“许朝鲜派人来天津学习制造、操练。”③

值得一提的是，这一时期汉译西方文明在朝鲜的传播。中韩文化交流，朝鲜导入的不仅仅是儒家文化和先进的汉人社会的思想，还有异质文化。当时，出使中国的朝鲜人员通过翻译与西方传教士进行了学术交流，把西方的历法、世界地图、各种仪器和科技方面的书籍都带回了朝鲜，还学习了船只、武器等的制作方法。这些东西都大大开阔了朝鲜的眼界，为古老、封闭的朝鲜文化带来了新的思想。

2.4　当代中韩文化交流

20 世纪 40 年代两国建国后，中韩之间的交流受到诸多原因

---

① 杨雨蕾：《十六至十九世纪初中韩文化交流研究——以朝鲜赴京使臣为中心》，复旦大学博士学位论文，2005 年，第 157 页。

② 吴晗：《朝鲜李朝实录中的中国史料》，中华书局，1980 年版。

③ 赵尔巽等：《清史稿》，上海：上海古籍出版社、上海书店，1986 年版。

的影响，被限制到了最小的限度之内。1992 年两国建交后，中国向韩国开放，两国人员及各项交流活动大幅度地增加，两国间的学术、艺术、文化、经济、贸易等的往来也日益频繁。韩国再次掀起了中国热、汉语热，形成一股“汉风”，而中华大地和亚洲一些地区也出现了强劲的“韩流”。

韩国利用国家电视台宣讲儒家思想，讲解《论语》和道家思想。而韩国电视剧、韩国娱乐文化也铺天盖地地在中国大地流行开来。两国很多城市都结成友好城市，交流有民间化的趋势。大学等学术机构之间的交流合作也日益广泛，中韩共同举办学术论坛，联合进行科学课题研究，文化交流向一个更深的程度发展。

尽管如此，两国之间的相互了解仍然不很充分，跨越半个世纪的隔阂也需要慢慢平复。自 20 世纪 90 年代开始，十数万计的韩国人纷纷来到中国就业、学习、生活，在中国很多城市形成了自己的社区和组织，韩国文化也因此推进到了汉人社会。

跨越历史的再次相遇使得两国人民需要重新了解、适应彼此的文化。崭新的、具有张力的关系在形成和演绎当中。

2.5 小 结

纵观中韩几千年的交流史可以看出如下特点：

1. 中韩交流以韩国吸收中国文化为主流

中韩文化交流的历史在相当大的程度上是韩国传统文化对中国文化的吸收和再创造的过程。当然，中国也吸收和借鉴了很多韩国的文化，如朝鲜宫廷音乐、高丽青瓷等。但主体上仍是韩国文化借鉴和吸收中华文化和思想成为主流。

2. 两国文化交流的历史悠久，延续性很强

如果从3000多年前的箕子入朝算起，中韩两国的交往已经跨越了数千年了。此后，在朝鲜半岛上的历朝历代都与中国建立了密切的联系，这一联系具有很强的延续性。虽然期间受到各种因素的影响，发生了暂时的交往上的中断，如高丽与南宋、明朝与早期的清朝，但总体上两国交往的延续性在世界族际交往史上都是不多见的。

3. 古代朝鲜对中国文化的高度认同

除了在清代前期，朝鲜因持守华夷观的影响而仍认同于明朝以外，从箕氏朝鲜到三国时代、高丽时代，直至整个李朝，对于中国文化基本上保持了高度认同的状态。作为古代朝鲜绝对的“他者”，中国对古代朝鲜的方方面面都产生了巨大的影响。对于中国文化的高度认同对韩国人族群观产生了极大的影响。这一点会在第三章“族群认同的形成与变迁”中进行更为详细的阐述。

4. 两国交流层次的不断深入

古代朝鲜时代在七世纪以前，以汉字为基础的中国文化就进入了朝鲜半岛，并对传统韩国社会的政治制度、经济制度、文化制度、教育制度等方面产生了巨大的影响。其中，朝鲜礼学随朱子理念的传入得到了发展，礼学所强调的礼仪适用的严格性对朝鲜半岛的伦理观念和礼仪实践都产生了深远的影响。儒教进入朝鲜半岛后逐渐成为影响韩国社会的理念、制度和伦理规范。

以儒家为主导思想的教育制度对于汉文化在朝鲜半岛的传播产生了很大的影响。李朝时期从中央到地方建立起了儒学教育体系，在首尔设立了最高学府成均馆和学堂，并在地方设置了乡校，儒家教育理念也因此得以深刻而广泛地影响着韩国人的思维和思想。

由于汉字和儒学的传入，两国文化交流从很早就从单纯的物

质、技术的文化层面深入到思想观念和典章制度等文化的核心层面。这一影响到今天仍然存在着，并使中韩两国的文化呈现出极大的同源性。

5. 官方交往与民间交流并举

古代朝鲜与古代中国的交往既有政府层面的交往，也有民间层面的交往。

官方交往包括使节朝贡、留学生求学、僧侣求法、文人求书等。高丽时期以后，来华文人通过考试后，还可以在唐朝、元朝为官，官方交往的深入可见一斑。民间交往主要以贸易为主，也有文人之间的私人交流。特别是李朝时期，文人们进入北京，与中国文人唱和诗文，题字吟诗，形成了特定的汉字文化圈内才可能发生的文化交流现象。

无论是官方交往还是民间交流，都在统一新罗时期达到了一个高峰，并在唐代形成了新罗人聚居的新罗坊。在高丽时期，两国的民间交往得到了很大的发展，海上贸易尤其频繁。李朝时代的“赴京使团”作为朝鲜王朝与明清中华大陆之间交流的重要使者和桥梁，成为历史上规模巨大的外交人员群体之一。

由于历史的原因，中韩两国在半个世纪的时期内中断了正常的文化交流。自 1992 年两国建交后，政治、经济、文化等领域的交流得以恢复，尤其是民间层面上的交流得到了前所未有的发展，中韩交流由此进入了一个新的历史阶段。

第三章　韩国人族群认同的形成及变迁

韩国人在与中国彼此的视线中，更加确认了自己所处的状况以及自己所属的族群。

关于韩国人的族群认同散见于一些学术文章中，并未形成整体的认识。本章希望能在前人的基础上，尝试全面而深入地探讨韩国人族群意识强韧化的成因。

3.1　强烈族群认同意识的缘由

3.1.1　檀君神话——并未久远的传说

族群具有如下的特点：共同的名称、共同的祖先神话、共享的历史记忆、共同的文化元素、历史家园的联系、团结感等。[①] 族群的起源神话可以使族群得以区分，并赋予该族群成员共享的历史经历。族群神话在构筑族群认同的过程中，界定和描述该族

① 见 John Hutchinson and Anthony D. Smith（eds.），1996，Ethnicity，Oxford：Oxford University Press，p7.

群的起源和共同的历史记忆，宣称自己与其他群体有何种区别，从而给族群成员增添一种特殊的超越时空的凝聚力。

韩国人单一民族的思想根基十分深厚，支撑这种思想根基的可以说是始祖檀君及檀君神话。在现代，韩国学者所写的有关韩国文化的起源的学术著作中，几乎都会提到檀君神话在韩文化中的重要地位及在维系族群认同方面的作用。

檀君的传说是这样的：远古时，天神桓因的小儿子桓雄想下到凡间。爸爸知道儿子的心思后，同意他下凡，使得人间广泛受益（即所说的“弘益人间”），于是给了三道天符印命令桓雄去治理天下。桓雄带领三千部下下界降于太伯山顶（即妙香山）的一株神檀树下，建立了“神城”，自称桓雄大王。这时，有一熊一虎来到桓雄面前，请求大王把他们变成人。桓雄给了他们一把艾草和20头蒜，要他们吃下去并躲藏于洞窟内，一百天之内不见阳光。虎因为未能照办而没有变成人，而熊却修炼成一位漂亮的女子。后来桓雄大王和熊女结婚，生下了王俭，即檀君。檀君于公元前2333年在平壤建立王国，定名为朝鲜。

传说这位檀君在位一千五百年，后来隐居于阿斯达为山神，并且寿命非常长，活了1908年。檀君神话深深地根植于韩国人民心中，成为韩国人族群意识的根基。

值得一提的是，朝鲜古书并不是一开始就将檀君作为开国之君和神话的起源，这其中也经历了一个过程。高丽末年，蒙古人建立元朝，高丽的自主受到了极大的威胁，这一事件后，韩国人自檀君开始探索开拓特有的自主文化和历史，檀君因而成为誓死保卫家园的精神象征。也正是在这一时期，朝鲜的历史著作《三国遗事》和《帝王世纪》开始收入檀君神话①。这一举动一

① 《三国遗事》里记载：“古纪云，昔有桓因庶子桓雄，数意天下，贪求人世。……雄率徒三千，降于太伯山顶神檀树下，谓之神市……”。

方面使得韩国的历史显得更加久远，另一方面也是其自主意识彰显的表现。[①] 18 世纪，安鼎福的《东史纲目》同样强调檀君是朝鲜第一个合法统治者，也明确把朝鲜历史的开端置于檀君时代。

没有哪个族群能找到自己血统纯粹的起源，也没有哪个族群能找到自己与世隔绝的未来。族群神话属于现代性的以今溯古的想象，而仔细推敲起来，那话语本身也包括了别人的声音在内的“杂语”。[②] 共享文化可能更应该被看作一种长期社会进程的内涵和结果，而不是群体原始的特征。[③] 将檀君神话作为族群起源深化的变迁过程，也可以看作是一个强大的族群意识构建的过程，是原生性认同的简要表达，从而营造了一个交流先验性认同的氛围。

对于檀君神话的意义，韩国学者有着一段回味深长的评价：(檀君神话）对韩国人有着很重要的意义，能吹散韩国人心头有关族群起源问题的困惑，建立起一个关于早期朝鲜半岛族群形成的真实说法，特别是建立了一套与中国相对照的古代独立的标准。[④] 因此，“我们是檀君的子孙”的话语被韩国人一直传诵到今天，并且还会流传下去。

---

① 邵毅平：《朝鲜半岛：地缘环境的挑战与应战》，上海：上海古籍出版社，2005 年，第 200 页。

② 纳日碧力戈：《现代背景下的族群建构》，昆明：云南教育出版社，2000 年，第 284 页。

③ ［挪］埃里克森：《族群性与民族主义：人类学透视》，王亚文译，兰州：敦煌文艺出版社，2002 年，第 38 页。

④ Keith Pratt，2006，Everlasting Flower - A History of Korea，London：Reaction Books Ltd. p20.

3.1.2 地域和历史的负担

文化不仅建立在相同的价值观、心理习惯和行为模式上，也建立在一种为该文明中全体人民所共享的、能够一定程度上唤起他们激情或情感共鸣的历史记忆。不同的文化能以不同形式和不同程度为不同人类个体和群体提供着文化凝聚力。

韩国没有侵略他国的历史，这或多或少与檀君神话中宣扬的“弘益人间”的思想有关。但是由于历史上周边国家对韩国有过多次的侵扰，使得韩国人至今对所处的历史有一种沉重而不易解脱的负担。韩国人的特殊历史首先要从她的地理位置说起。

朝鲜半岛处于东亚大陆和日本列岛的中间，几千年来一直处于中国、俄罗斯、日本等几大国的视线当中，因此承受着很大的地缘环境上的挑战。有人把朝鲜半岛比做火车车厢的过道，来来往往的人都要经过那里。由于其特殊的地缘因素，朝鲜半岛无可避免地成为周边强国所关注的重地，经常置于周围强国的侵略范围。①

1876 年，日本与朝鲜在江华岛签订《朝日修好条规》，史称《江华岛条约》，从此被迫开放门户。1910 年，日本强迫朝鲜签订《日韩合并条约》，从此韩国完全沦为日本的殖民地。在长达 36 年的殖民时代，日本大力抹杀韩国族群意识，禁止韩国语教育，强行推行日本文化。这些都严重地摧残了韩国的文化和族群自尊心。不过，与日本几十年的对抗也激发出了韩国人保家卫国

---

① 如公元前 108 年，汉朝迫使朝鲜进行朝贡，并派兵攻打平壤。隋唐时期，公元 612 年隋炀帝率 113 万人远征朝鲜；644 年唐太宗远征朝鲜。蒙古在 13 世纪两次入侵朝鲜；16 世纪，日本的统治者丰臣秀吉发动“壬辰倭乱”，武装入侵朝鲜持续 7 年之久；1636 年，清太宗率兵攻打朝鲜，使朝鲜受清之册封等。

的坚强斗志和决心。

冷战结束以后，朝鲜半岛成为东西方两大阵营对抗的前线。今天，韩国由于所处特殊地理位置的原因，仍处于世界各国的关注之中。

对于20世纪的日本殖民统治，对于四百多年前的壬辰战争，对于两千多年间来自大陆王朝的“侵略”，这些话语在韩国人中间总是一而再、再而三地被提起。一部朝鲜半岛的历史，常被说成是饱受强邻侵略的历史，以及充满这类苦难和不幸的历史。这种对于强邻的永不停息的怨恨，通过教育，一代一代地传了下来，并且大概还将一代又一代地传递下去。①

韩国诗人金光林出版的诗集《半岛的疼痛》就是描写战争带给韩国人的伤痛的。其中同名诗《半岛的疼痛》写得十分悲叹：也许有被入侵的可能/这样没有理由的受难/现在我们的半岛为什么要付出代价呢/谁也不知道的疼痛/我只是哽咽而已。②

在与外界强敌抗争中的历史实践过程中，韩国人形成了独特的“恨”的哲学和大众心理。“恨”不是仇恨之意，而是怨恨之意。“恨”是源于历史苦难中形成的不能实现的愿望和难以达成的梦想。“恨”是韩国人在苦难中不屈不挠、不甘毁灭地顽强生存的精神。③“恨”是一个矛盾的概念，既包含一个人对自己命运的接受，也包含克服它或对那些造成这种恨的人实施报复的强烈欲望。它是一种随着时间推移积累起来而没有得到熔化的，总是萦绕人心头并受到压抑但又渴望得到释放的强烈感情。因此，

---

① 邵毅平：《朝鲜半岛：地缘环境的挑战与应战》，上海：上海古籍出版社，2005年，第248—249页。

② ［韩］金光林：《半岛的疼痛》，金尚浩译，台中：晨星出版有限公司，2006年。

③ ［韩］李御宁：《韩国人的心》，张乃丽译，济南：山东人民出版社，2007年版，第230—234页。

"恨"具有爆炸性的特质，即"恨的释放"。[①]

族群苦难和悲哀中往往潜伏着强大的力量，这一力量一旦遇到适当的时机，就会转化为强大的族群发展动力，爆发出蓄积已久的令人震撼的共同体意识，"求得一种抵抗强者的勇气，保存自我的力量。"[②]，"从而形成'无与伦比的韧性'"。[③] 因此，韩国人常以"不死鸟"、"朝鲜魂"来作为对抗外来侵入的精神象征[④]。

至今，韩国人常常将其护国将军奉为神明，永志不忘。抗击日本丰臣秀吉入侵的李舜臣被人们尊为武圣，皆因他在十六世纪击退了日本军队的大举入侵，打击了侵略者。首尔市中心至尽还赫赫竖立着李将军的塑像，让后人铭记这位伟大的爱国将军。这些英雄人物不断提醒着今天的韩国人，历史上他们如何凭着勇气和凝聚力团结一心战胜困难，也体现着韩国人对其历史的自豪感。在我所访谈的韩国人中，大都对充满苦难的战争史有着切肤之痛，这已成为韩国人挥之不去的集体记忆。

维系族群的主要因素有地缘、生态的因素，包括长期共同生活的乡土、环境、山水、景物等等。滋养人们的土地和资源也会发挥同样的凝聚族群的作用。特殊的地缘文化和苦难的历史同时也形成了韩国人极强的家国观念和情怀。由于国土面积有限，韩国人对自己国家的一草一木寄予了深厚的感情，韩国国歌在我听

---

① ［韩］具海根：《韩国工人——阶级形成的文化与政治》，梁光严等译，北京：社会科学文献出版社，2004 年版，第 170—171 页。

② 邵毅平：《朝鲜半岛：地缘环境的挑战与应战》，上海：上海古籍出版社，2005 年，第 249 页。

③ ［韩］金大中：《金大中哲学与对话集——建设和平与民主》，冯世则等译，北京：世界知识出版社，1991 年，第 235 页。

④ ［韩］李丙焘等：《韩民族的不死鸟精神之源》，首尔：一念社，1983 年，第 195 页。

来是非常深沉而厚重的，又充满了淡淡的哀伤。歌词中无比深情地唱到“白头山下，东海之滨”这样的山川风物。这种深厚的感情既表达了一种强大的凝聚力，也呼唤和塑造了强大的向心力。在与韩国人的交谈中，我也深深地感受到地理位置带给韩国人的深刻的危机意识，国土狭小带给韩国人对故国家园的无限眷恋，这也无疑对形成韩国共同体意识发挥着很大的作用。

文化的形成、绵延和演绎虽有自身内在的逻辑和独特的规律，但它不能不受包括自然环境、社会环境和历史传统等外在因素的强烈影响。属于特定文化的人们与特定的地缘—自然环境有着不可分割的联系，他们的历史记忆和情感投注自然会与他们生活其中的地缘—自然环境不可分割地联系在一起。可以说，他们的“文化身份”在很大程度上产生于地缘—自然环境，产生于他们与地缘—自然环境的有机结合。”①

在面对外族入侵的时候，韩国人形成了家国一体，牢不可分的特征。充满艰辛的共享的历史意识和家园意识，成为韩国人深层次的共同记忆，并积淀在了韩国人的性格和族群意识中。

3.1.3　花郎精神

提到韩国人族群意识的形成，就不能不提到花郎精神的影响。虽然花郎精神在韩国历史上兴盛于新罗时代，但是它的影响却是十分深远的。

花郎道，又称风流道，是韩国独有的组织形式，源于朝鲜三韩时期的“青年组织”，兴盛于三国新罗时期，对当时新罗社会的政治、社会意识等都产生了不小的影响。

花郎，顾名思义就是俊美的男子。最初花郎道是一个“青

① 阮炜：《地缘文明》，上海：上海三联书店，2006年。

年组织”和民间修养团体，具体说，就是一批青年俊美的男子习武健身、切磋技艺和修身养性为目标所组成的团体。花郎道成立的目标就是通过团体的训练，培养优秀人才并向朝廷推荐，以达到“兴邦国”的目的。花郎追求的最高境界是为国献身，为国王捐躯。花郎群体的兴起，使得新罗国力大大增加，并发展壮大。到了七世纪，新罗已成为一个强大而统一的国家，“花郎”精神也广为流传。

把青年们组织在一起的就是对某种特定神灵的共同信仰或是对某种仪式的共同履行的活动以及活动中的严格规则和戒律。[①]著名的花郎道戒命与佛教有着密不可分的关系。名僧圆光曾提出“世俗五戒”，这包含：事君以忠、事亲以孝、交友以信、临战无退、杀生有择。花郎道将这五条戒命运用为花郎组织的指导原则，因此这五戒后来也被称为“花郎五戒”。“花郎五戒”体现着护国忠君的思想，是佛教与儒家思想相结合的产物，在对抵抗外来入侵的过程中也发挥着很大的作用。其中“临战无退”强调的就是战场上要勇敢杀敌，因此，具有强大的团体号召力和鼓动力。

尽管花郎道作为一种组织形式，延续的时间并不十分长，但花郎道崇尚道义，倡导忠孝、名节、勇武、正直，这些思想核心已经成为韩国人保全国家主体性和族群文化主体性的精神支柱，对韩国人族群意识的形成起到了不小的影响。

韩国学者认为：“花郎道产生不过一个世纪，新罗即已强过百济、高句丽，且击败驻屯八年的唐军，确立了民族统一大业，足见花郎道乃我民族之独立精神，此精神形成我们自主统一的基

① 参见 Tae – Hung Ha，1968，Guide to Korea Culture. Seoul：Yonsei University Press，p80. 张京道：《花郎道考》，载《中韩人文社会科学研究》（第 2 辑），牛林杰、刘宝全主编，济南：山东大学出版社，2007 年，第 220 页。

本理念。”[①]

3.1.4　“我们”文化

语言和血缘的单一性成为维系族群因素中的重要的自然凝聚力。血统意识是建立在生物性的血缘纽带之上，至今仍然发挥着很大的作用，同时语言也是较为稳定的族群特征。同一血脉结成的亲密关系，有时是其他因素所不能代替的，这一点也是构成原生论的基础。

韩国是一个狭小单一的半岛国家，与外界形成了较为隔绝的状态。作为单一文化环境中的单一族群，韩国移民避免了亚文化的差异可能导致的内部矛盾和分歧。因此单一族群和单一语言形成了其较为强韧的凝聚力和强烈的同根意识。

“他们生活在同一块土地上，使用同一种语言和文字，拥有共同的祖先，在漫长的历史过程中已经在政治、经济、文化诸方面形成了不可分割的完整实体，因此对共同归属的族群共同体的生存、发展等必然具有强烈的关切和维护之责任感。这种共休戚、共存亡、共荣辱、共命运的族群意识在社会中发挥着凝聚和协调作用。”[②]

在族际交往中，语言符号既是交往的重要媒介，也是族群认同的基础。“韩语为我们提供了一条为韩国人寻根溯源的线索，它表明韩国人和中国人不属于同一个种族。”[③] 语言是族群文化的灵魂，它具有表达族群特点的潜力和优势，语言的使用在很大

① 李宣根：《花郎道》，首尔：萤雪出版社，1985 年，第 34 页。

② 马戎、周星主编：《中华民族凝聚力的形成与发展》，北京：北京大学出版社，1999 年，第 58 页。

③ ［美］L·罗伯特·科尔斯：《解读韩国人》，徐冰译，北京：中国水利水电出版社，2004 年。

程度上关系到使用者的族群认同。不同语言和符号的使用，反映着族际、族内的文化交流情况，它在构筑着族群的文化边界方面具有不可替代的作用。

韩国社会是家的扩大，这一点可以从称呼上得到证实。韩国语中人们经常用的一个词不是“我”而是“我们”。比如，一位妻子很少称呼自己的先生为“我的丈夫”或者“朴先生”，而是说“我们的丈夫”。

族群同质性赋予韩国人强韧的族群认同，并在社会激变时能激发出强大的能力和集体行动力。

3.2 韩国对华族群观的演变与族群意识的强化

静态、客观、平面化的族群认同分析显然难以解释复杂的不断变动中的族群意识，只有关注族群间各个层面的互相作用的运动状态，才能得到较为满意的答案。如果说共同起源、地域、语言等因素是族群认同意识的形成中相对静止的因素，那么与他者互动过程中的族群的主观认定更值得加以关注。群体自我宣称的认同被用作获得某种目标和共同资源的特定因素。一个族群的主观认定与作为“他者”的族群有着密不可分的关系。

沃勒斯坦（Immanuel Wallerstein）认为：“一个族群的成员身份，是一种社会定义（social definition），是成员的自我认定和其他族群对之认定这两者之间的相互作用”。[①] 族群意识不仅是后天产生的，而且是族群在具体交往中萌生的，因此它也将随着

① 转引自马戎《民族社会学——社会学的族群关系研究》，北京：北京大学出版社，2004 年，第 71 页。

族群交往形式和内涵的改变而改变。①

3.2.1　在绝对“他者”的视线下

应该说，古代韩国人的族群观与古代中国主张的“天下观”、华夷观有着密不可分的关系。

古代中国是以天下为视野，以文化为核心，以儒家伦理为参照系，以教化为发展的族群观。在“有教无类”的族群观的基础上，中原政府期望使周边国家成为天朝臣民。在华夷观的影响下，古代中国认为天朝居中驭外，当时的中国除了朝贡关系以外，不承认其他任何形式的中外关系。华夷观是古代中国国际秩序理念的产物，是古代中国与周边国家交往时形成的政治、外交、文化等诸多方面的制度和秩序。

朝鲜半岛主动迎合了这样的族群观，无论是事大主义还是“小中华”思想，都深深受到天下观和华夷观的影响。因此，韩国人的对华族群观在相当长的一段时间内始终依附于中华文明的天下观，自身并没有形成完善的认同体系，处于一种自在的状态，在被中国制定的规则当中。当然，“朝鲜半岛的族群观一方面有其主动选择的成分，另一方面也有不得已而为之的被支配的地位。”②

事大主义是先秦时期的王土王臣观，也是古代朝鲜在相当长的一段时间内奉行的对华族群观。《诗经》中《小雅》有：“溥天之下，莫非王土；率土之宾，莫非王臣”，《礼记》中也记载：

---

① 马戎：《民族社会学——社会学的族群关系研究》，北京：北京大学出版社，2004年，第71页。

② 陈尚胜等：《朝鲜王朝（1392—1910）对华观的演变》，济南：山东大学出版社，1999年。

“天无二日，土无二主”。随着高丽王朝后期中国朱子学的传入，这一基本理念也被朝鲜王朝所采纳。朝鲜时期，被后人誉为“海东朱子”的性理学大师李滉在《礼曹答日本国左武卫将军源义晴》中说：“天无二日，民无二主，春秋大一统者，田地之常经，古今之通义也。大明为天下宗主，海隅出日，罔不臣服。”① 另一位性理学的泰斗李珥也认为“臣闻天无二日，民无二主。惟我东方，邈在海表，岁若别为一区，而九畴之教、礼乐之俗不让华夏，则终不可限以一带之水而自为异域，故修贡中华”。② 两位影响韩国思想界的儒学大师的事大观是建立在对中韩文化同质性意识的理解之上的，这也在客观上弱化了韩民族的主体意识。

随着儒学在朝鲜半岛上的深入传播，尤其是明朝与朝鲜之间文化交流的深入，朝鲜王朝也自认为接受了正统的华夏文明，并以“小中华”而自居③。自认为“小中华”，意味着自身族群身份的消失和消解，这也同样严重地影响了其主体意识的发挥。

到了清朝前期，由于受传统华夷观思想的左右，朝鲜对清朝的文化和认同持否定态度，朝鲜王朝仍以“清国”来称呼清朝，而非“天朝”。但这并不等同于自身清晰的族群观能得以建立，朝鲜社会认同的基础仍然是以正统汉文化为代表的明朝，因此，对清朝持否定态度并没有使朝鲜半岛自身的主体意识得以彰显。不过清中期以后，随着清朝的强大和昌明，朝鲜也提出了向清朝

① 《退溪全书》卷六，《甲辰乞勿绝倭使疏》。

② 陈尚胜等：《朝鲜王朝（1392—1910）对华观的演变》，济南：山东大学出版社，1999年，第279页。

③ 朝鲜王朝后期，视朝鲜为“华”的学者很多，比如申维翰（1681—1752）主张以入主中原为荣，被纳入一体为傲。参见王元生《华夷观与朝鲜后期的小中华意识》，载北京大学韩国学研究中心编《韩国学论文集》第十二辑，北京：北京大学出版社，2004年。

学习的主张，这一主张通常被称为“北学论”。

“中国是世界秩序的核心，即‘中华’。一言以蔽之，对于朝鲜来说，中国是一个绝对的‘他者’。无论是尊崇‘事大主义’还是反对‘事大主义’，无论是‘小中华’，还是‘北学论’，无论是褒扬还是贬斥，中国都是朝鲜的国际话语和族群话语中的核心词语。可以说，在整个中世纪，朝鲜都没有能力彻底摆脱中国这个绝对的他者，直到19世纪末西方殖民势力闯入朝鲜之后，朝鲜才有机会对传统中国观进行反思”。①

可以说，近代韩国始终置身于绝对的他者的视线之下，族群观也因此受到一定的影响，处于相对被动和依附的状态中。

3.2.2　族群意识的重构与诠释

1876年的开港成为朝鲜同西欧世界接触的开端，这也为朝鲜族群意识的发展提供了一个重要的契机。朝鲜末期的赴京学者洪大容在接触了西方文明之后，开始向曾经被奉为经典的以中华中心的儒家世界观提出质疑，并提出应该转向“万邦均是”的近代世界观。李朝文人和赴清使团在华获得的地理知识，使其认识到以往的“内外之分”和“华夷之辩”的局限性，并由此认识到“中华中心”观和以“小中华”自诩的文化意识的严重不足，这为韩国人的族群观的改观提供了理论上的引导。

19世纪末的清日战争，清朝被日本打败，这使朝鲜受到很大的震惊。1895年中日签订的《马关条约》中明确提出中国与朝鲜半岛传统的宗藩关系自此结束：“中国认明朝鲜国确为完全无缺之独立自主，故凡有亏损独立自主体制，即如该国向中国所修贡献典礼等，嗣后全行废绝。”这既可以看作是日本侵占朝鲜

① 崔一：《试析朝鲜的中国观》，载《延边大学学报》2003年第6期。

主权的标志，也可看作是朝鲜半岛从几千年来实行的朝贡和事大政策的结束，这给韩国脱离中国的影响以一个最好的历史契机。自此，中国已经不是最大和唯一的对韩国有影响的国家，而只是周边的一个重要的国家，其影响力降到了历史的最低点，同时也使韩国顺理成章地从中华文化的母体中分离了出去，开始作为一个独立的个体存在。

1910 年韩国沦为日本的殖民地。自此，近代韩国在认同上开始摆脱中华主义。虽然带着阵痛和无奈，但是作为单一而绝对的“他者”的中国消失以后，韩国逐渐开始有机会发现其自身存在的意义。

在社会危机面前，朝鲜民众的爱国热情和族群意识被进一步激发了出来，爱国启蒙运动和抗日义兵运动掀起。儒家学者朴殷植等积极倡导开化思想、思考本族自强之路。其中朴殷植提出的铸造“大韩精神”、“国魂”的思想尤为引人关注。他认为，在竞争中取胜的国家，国民头脑中都有“本国精神”，韩国 2000 万国民的头脑中也具有“大韩精神”，这个精神就是“大韩魂，即我族群之国魂”。如果不开发和培养“大韩精神”，而只是借用西方的文明教育学生，只能培养出一些毫无爱国心和独立自重之志气的卑劣的俗夫，致使国家加快走向灭亡之路。[①] 因此，朴殷植倡导的“大韩精神”被视作新教育救国运动的核心。爱国启蒙运动以民众为基础，将分散的民众意识被聚集到了一起，使得民族自觉达到了新的阶段，具有很鲜明的自强性特征，对于韩国人族群意识的形成做出了巨大的贡献。

韩国光复后，由国家推行的教育成为用来塑造精神和族群意识的手段。1968 年，朴正熙政府公布了《国民教育宪章》。该宪

---

① ［韩］朴殷植：《朴殷植全书》下卷，首尔：韩国檀国大学出版部，1975 年，第 72 页。

章以国家为基点，指出“国家的昌盛乃自己发展之根本”，强调国家的发展是个体发展的前提，以此来提高民众的凝聚意识。朴正熙推行的爱国主义教育和国家主义道德理念为韩国人树立了强大的自信心，深深地影响着现代韩国人的精神世界。

朴正熙在《我们国家的道路》一文中指出，韩国有些陈腐思想需要清算，比如缺乏独立精神，缺乏开创精神，缺乏进取精神。“我们革命的最终目标是消灭我们祖先留下的不幸的遗产。”① 他在《我们国家的道路》一书中还对日笔者的纪律、团结和美国人的进取、开创精神倍加推崇，将他们引入到了韩国精神当中，他将这两种精神与他所推崇的韩国“花郎精神”融合在一起，期望塑造出刚健有为的新韩国精神。此外，朴正熙还高度重视本族优秀文化传统的发扬光大，如传统的互助精神，并将儒教思想中的“忠”、“孝”、“秩序”、“刚健”、“以国为家”，作为韩国崛起的重要精神力量，使得族群的主体性意识更加强烈。

20 世纪 80 年代，金泳三政府提出了“身土不二”的口号，意思是身体和土地是不能分开的，要热爱家乡，永不忘本。现在在韩国，“身土不二”成了韩国农产品界十分流行的广告语，在一些广告下面常有一行韩文解释：韩国人只有享用韩国土地出产的东西才适合自己的身体，才会健康。“身土不二”现在已融入了民族精神的骨髓和血液中，演变成了全体国民的一个信念，对锻造强大的族群认同意识和凝聚力起到了积极的促进作用。

---

① 参见［韩］朴正熙：《我们国家的道路》，陈琦伟译，北京：华夏出版社，1988 年。

3.3 文化符号的运用与族群意识的独立

文化是维持族群边界的基础，族群通过与其他群体的各种关系对自身加以定义，而边界是一个可以随时间而变迁的社会产物。为了证明一个族群的存在，使用一些文化符号与价值观，就足以在一个族群与其他族群之间划出一条社会界限，并在自己和他人眼中体现出彼此的不同之处。①

除了上文提到的韩国在与对华的关系当中逐渐寻找自己的定位，笔者注意到，通过对重要的文化符号之一的汉字的观察，也可以十分清晰地梳理出韩国族群意识的走向和变迁，这一观察在其他有关中韩族群关系的界定中并不多见。

朝鲜半岛使用文字和汉字的开端，一般被认为可以追溯到纪元前后的三国形成之初。《三国史记》的《高句丽本纪》中记载，公元600年诏太学博士李文真编撰国史，名为《新集》，上有“国初始用文字”的说法，其“文字”指的理应是汉字。

新罗时期和高丽时代，汉字仍是韩国人的书面文字。公元757年，即新罗景德王年间，新罗地名和官名全部改为汉字。儒学的传播使得汉文典籍大量传入古代朝鲜，知识界对于汉文书籍的学习和吸收十分积极。

李朝时期，关于是否仍然沿用汉字，朝廷内发生了很大的争论。集贤殿副提学崔万理等上疏反对朝鲜创制自己的文字，反对理由是“我朝自祖宗以来，至诚事大，一遵华制。今当同文同轨之时，创作谚文（即朝鲜文字——作者注）有骇观听”、“历

---

① Roosens, Eugeen E., 1989, Creating Ethnicity: The Process of Ethnogenesis, Newbury Park: Sage Publicaions. p12.

代中国，皆以我国有箕子遗风，文物礼乐，比拟中华。今别作谚文，舍中国而自同于夷狄，是所谓弃苏合之香，而去螳螂之丸也，岂非文明之大累哉?”[①] 崔万理的观点代表了不少朝鲜人的观念：汉字是人们心目中等级最高、最具有文明气质的文字，远非其他“夷狄”之辈能比拟，通过汉字的使用，可以使自身与其他群体区隔开来，废弃汉字无异于自甘倒退。然而，这一主张因被人视为缺乏族群自主意识而受到了批评，这也可以视作是韩国族群意识有所改变的一个标志。

1443 年，在世宗大王多年的组织和指导之下，韩国的拼音文字“训民正音”（谚文）终于发明了出来。训民正音的创制结束了朝鲜语言与文字不统一的状况。不过，从纪元前后汉字开始传入朝鲜半岛时起，至 15 世纪中叶朝鲜文字创制时止，在一千多年的时间里，汉字和汉文一直是朝鲜半岛唯一的书写文字。

“训民正音”创制后，两班阶层仍在普遍使用汉字，阅读汉文典籍，有相当多的文士对新创制的韩国文字仍不以为然，汉字在韩国社会的影响并未迅速消失。同时，由于政治文化地位的低下，谚文仍然只属于二流文字，仅为庶民使用。

直到 19 世纪末，韩国对自身文字和汉字的看法发生了逆转。由于中国失去了它作为唯一的“他者”在文字上和文化上的辐射力及影响力，同时由于朝鲜王朝已经从封闭的状态走了出来，而“西方翻译作品的出现唤起了韩国人对于世界知识的兴趣”[②]，也使他们开始有能力审视自身，加之朝鲜族群意识的觉醒，这都使得“汉字不再享有 2000 年的尊崇，而朝鲜文字则作为其主体

① 《朝鲜王朝实录》世宗实录卷第一百零三篇，第 20 页。

② Tae - Hung Ha, 1968, Guide to Korea Culture. Seoul: Yonsei University Press. p49 - 50.

性的象征开始受到空前的重视。”[①] 从这时起，通行的书面文字已从专门使用汉字过度到汉字与表音文字结合使用。很多韩国报纸和书籍也开始尝试全面使用韩文制作。

1948 年韩国独立之后，为了弘扬民族主体精神，政府规定公文只能用表音文字书写，但是允许兼用一部分汉字。从 1970 年起，韩国小学、中学教科书中的汉字被取消，完全使用朝鲜表音文字。在其后的 30 年当中，小学完全取消了汉字，初中高中仅讲授 1800 个汉字。这一政策造成现在韩国 20—40 岁的人几乎完全不懂汉字，这一时期也被称为“韩文时代”。

由韩国汉字观的变迁可以较为直观地观察出其族群观的变迁，二者可谓是暗合的。“韩国人有从外来语中看出异文化和异族的倾向。因为把外来语当作是‘异族的创造物’的意识很强，所以认为应该尽可能地限制外来语的使用。承认外来语，便意味着丧失了族群的主体性，同时也意味着对于异文化和异族的精神性服从。韩国人的这种意识，连一般的老百姓也很彻底。”[②]

韩国人因为中国近代传统文化的衰落而摒弃汉字，不过汉字废止后出现了韩国人代际之间的文化中断。在“韩文时代”出生的年轻人缺乏对传统的深刻理解，疏远了自身文化和历史，甚至无法阅读历史文献。全面废止汉字给韩国社会带来了深刻的问题和混乱。同时，随着中国传统文化在世界各国的再度复兴和随之出现的汉语热潮，作为东亚共同标记方式之一的汉字，在韩国因被视为“在国际经济活动中重要的意思沟通工具”而再度受到重视。这一复兴显然带有较强的“功利主义”色彩。

---

① 邵毅平：《朝鲜半岛：地缘环境的挑战与应战》，上海：上海古籍出版社，2005 年，第 142 页。

② 参见渡边吉容、铃木孝夫：《朝鲜语のすすめ——日本语からの视点》，东京：讲谈社，1981 年。

因此本研究认为，汉字的重新恢复使用并不能说明韩国对华族群态度有所改变，而是他们发现，作为工具性价值的汉字实在是具有不可替代的作用。这一轮的重新使用汉字，是将汉字所承载的族群意识问题与工具性价值剥离开来，与以往的连带着族群观的汉字观有着本质的不同。

因此可以说，从韩国汉字地位的变迁可以在很大程度上清理出韩国人族群意识的发展状态，汉字的使用、部分废止到全部废止仍可视作其族群主体意识强大的表现。对于汉文化的尊崇意识让位于发挥自身主体性的意识，这种精神构筑了韩国语言观的核心，也可以视为族群观的一个主线和脉络。

3.4　小　结

1. 本章首先将韩国人族群意识形成的客观因素从四个方面进行了阐述。

檀君神话不能单纯视为一个普通的族群起源的传说，它对于韩民族族群意识的形成具有两方面特别的意义。首先，该神话将自身与中华民族尝试性地做出了区分，突出了其族群独立性存在的根源所在。同时，在 13 世纪面对外部入侵时将檀君神话首次记入史书，表明其探索开拓特有的自主文化和历史的志向，也将自身的历史推远了一两千年，使韩国作为一个历史悠久的族群出现在世人面前。

韩国特殊的地理位置和充满苦难的历史至今仍然作为韩国人的精神负担而存在着。这一精神负担一直潜伏在韩国人深层次的意识当中，并积淀在了韩国人的族群性格和族群意识中。韩国人形成的“不死鸟”精神和“朝鲜魂”激励着后人勇敢自强，对于韩国人形成具有强大的向心性的族群性格发挥着重要的作用。

花道郎在韩国历史上只存在过短暂的一两个世纪，而且也只是新罗时期的一种组织形式。不过本研究认为，其作为韩国特有的本土文化制度，对一直推崇尚文精神的传统韩国社会产生了巨大的影响，也开创了韩国人勇猛善战的作风。花郎道所倡导的道义及忠孝、名节、勇武的思想核心已经成为韩国人保全国家主体性和族群文化主体性的精神支柱，并激发出了强大的团体号召力和鼓动力。

韩国人强烈的族群意识还根植于血缘及语言的同质性之上，语言、血缘的同质性赋予韩国人强韧的族群认同，并在社会激变时可以激发出强大的能力和集体行动力。

2. 本章并没有止步于相对客观、静止的族群因素的分析，如共同起源、地域、语言等，还着重分析了韩国在与绝对的他者——古代中国的互动过程中的族群意识的主观认定。与古代中国的互动成为认知韩国人族群观形成的不可回避的一个环节，对于理解当今韩国文化的聚合及其在汉人社会的推进都有着十分重要的价值。

韩国人族群意识的产生与在古代中国的“天下观”和华夷观密不可分，是建立在以历史、文化的优劣感的基准之上，把汉正统王朝置于优越地位，其自身则处于虚无的状态。在华夷观的影响下，古代韩国奉行“事大主义”的外交政策，族群认同以“小中华”自居。在近代，随着中华帝国在韩国的影响的淡出，韩国也完全成了“脱华入世”的蜕变，其对华态度也从相对被动的“仰视”开始转变为了“平视”，其族群意识也从一个“自在”的族群转为一个“自觉”的族群，因此族群观表现出族群意识的强化和彰显。

3. 汉字自公元前后就传入了朝鲜半岛，并作为官方文字在古代朝鲜社会的发展中发挥了重要的作用。汉字作为族群维持边界的文化符号，引起了笔者的关注。从汉字在朝鲜半岛地位的变迁同样可以清理出韩国人族群意识的发展状态，并作为其族群观变迁的一个观察点。从汉字的接受并全面使用、部分废止到全部废止仍可视作其族群主体意识强大的表现。

4. 进入近现代社会，韩国人仍在积极构筑着独立的族群观和高昂的族群精神。

近代爱国启蒙运动对于族群精神的塑造和族群意识的形成发挥了至关重要的作用。进入现代，韩国更是积极主动地建造族群意识，塑造族群精神，族群认同意识的静态因素被激活，族群认同因此也得以强韧化。①

作者注意到，在极力重新诠释和构建历史的过程中，政府和学者发挥着很大的作用，其族群认同的态度也随之发生着微妙的变化。朴正熙在掌权后，梳理了韩国的文化遗产，回顾了以往对待中华文化的态度。对于古代朝鲜奉行的事大主义、附庸主义和卑躬屈膝主义等思想予以反思和清算。这一举措对于韩国族群观具有历史性的意义，使国民重新树立起了自我意识、独立精神和自信心。

---

① 邵毅平认为，随着中国与朝鲜半岛的近代式关系的确立，朝鲜半岛必然会重新估价其对中国的立场，并在所有那些受到过中国影响的领域，进行彻底的检查、调整和重构工作。对中国传统的“事大之礼”将会受到否定和否认，而抵抗和自主的潜流将会被看作是主流；对于中国文化的学习和吸收将会被淡化，而民族文化中的自主因素则将会受到强调；来自中国的积极影响将会被尽量缩小，而来自中国的消极影响则将会被尽量夸大；与中国的相似之处将会被尽量少提，而与中国的不同之处则将会被尽量多提。（见《朝鲜半岛：地缘环境的挑战与应战》，上海：上海古籍出版社，2005 年，第 262 页。）韩国本土学者也对此予以了重新的阐释。李奎泰在其论著中指出，传统上对于事大主义和小中华思想的解释是错误的。将中国对韩国的影响解释成为地缘关系和特殊的文化纽带和感情，认为中国文化对韩半岛的影响问题可以从其他方面来论证。而将韩国人对中国的低姿态说成是“小中华思想”或者“事大主义”，这是一种错误的认识。“只有用地缘化的情节才能真正表现这种发展在两国的历史文化纽带关系。”参见［韩］李奎泰《论韩中文化关系的历史和现状》，载《当代韩国》2004 年冬季号，第 11—12 页。

以上讨论都可视为韩国族群意识形成并回升的佐证。纵观韩国历史，其族群观呈现出越发强韧化的特征。

族群意识是以相互间的“异质性认识”和异文化接触为基础的。90 年代两国建交后，韩国人开始大量进入汉人社会。当韩国人如此大范围地置身于一个异质性的世界时，他们在与中国社会彼此的视线中更加确认了自己所处的状况以及自己所属的族群。以这种相互异质性为前提，他们找到并强化了自己的族群认同。这一点会在“文化的展演”一章中谈到。

第四章　韩国社会文化内聚力的形成及变迁

组织本身越是致密，就越能织成各种社会的基本互助功能。

上一章分析了韩国人族群认同的成因和强韧化的过程。族群意识是在与他者的关照中形成的，关注的是外界异文化的碰撞中形成的认同因素。本章将阐述群体组织内聚力的成因及致密性变迁，由此，将其作为阐述本书主要概念"文化聚合"的理论基础之一。

4.1　宗族组织与村落社会

4.1.1　韩国宗族组织

宗族是以父系血缘关系为特征的人构成的一种特殊群体，是拥有共同祖先的同姓亲属群体。过去，当国家的权力未达到村落一级的时候，宗族对于家庭和村落社区有一种制约、强化和维持的作用，从而形成了共同体。这种以血缘关系为纽带的群体是中国社会中具有深厚历史根源的现象，同时也是古代韩国社会的基本的组织制度。

韩国的宗族组织也叫门中（munjung），宗族组织最重要的特性是它的集团性。韩国宗族势力在漫长的历史中得以充分发展，形成了按血缘辈分划分等级，由族长、家长利用强制遵守的族规、家规对宗族内成员进行控制的较为有效的方式。“族长是宗族的头领，被推举出来主持仪式，一个重要的职责是维持村内秩序，使宗族具有凝聚力。”①

祖宗崇拜、宗族感情、宗族观念、祖训族规、寻根问祖、宗族联谊等被用于韩国的宗族文化建设中。“直系子孙居住在‘宗家’（祖屋）中，宗族都有族产，即使小的宗族也不例外。族产可能是族田，除了族田以及给祖先修坟墓的一块山，族产还有‘仪式屋’（rutial house）、‘夏屋’（summer house）以及分给直系子孙的房屋。扫墓活动、修族谱都是宗族内十分重要的活动。韩国的族谱以前是用汉字写的，近些年有的被翻译成了韩文，以便能让年轻人看懂。宗族成员可能有几百位，可能聚集在一个村子，也可能分散在几个村子。”②

进入现代社会，韩国宗族表现出了新的特点：传承性、相对完整性和网络化趋势。20 世纪 60 年代中期，随着人们纷纷进入城市，较大的宗族组织也随之成为全国性的组织，并在首尔等大城市成立“宗亲会”。“宗亲会”是因联系族内成员与宗族的关系而成立的，并在各道（省一级的行政单位——作者注）设立分支机构。宗亲会规模大小不一，视祖先和子孙的人数而定。宗亲会的成员是同一祖先的亲属，因而培养出一种向心性的世界观和连带感。作为全国性的组织，一个宗亲会往往可以涵盖全国的宗族分支组织和成员，宗族的网络化趋势逐渐形成。

---

① Lee Kwang Kyu，2003，Korea Traditional Culture. Seoul：Jimoondang. p136.

② Lee Kwang Kyu，2003，Korea Traditional Culture. Seoul：Jimoondang. p136 – 140.

宗亲会每月或者六个月召开一次族内会议，每年还召集全国的族内成员定期组织野餐会或其他活动。宗亲会一般都创办报纸或杂志，报道宗族的社会活动以及有名望的祖先的历史资料，有的宗亲会还拍摄祭祖仪式等录像以供组织内的成员分享。宗族组织还为本族的贫困学生筹集奖学金，资助其上学。

宗族对内是一个稳固体。宗族的几位负责人中有一位是宗族的直系后裔子孙，其余的几位是族内几个支派中的领导。前者代表宗族垂直结构的关系，而后者则代表水平结构的关系，这两种关系的融合可以视作宗族组织的一个特点。[①] 这也说明韩国宗族在某种程度上较为完整地保存了下来，具有一定的传承性。

如今，以父系血缘为主线的韩国人家族依然较为严格地区分血亲与姻亲、直系血亲与旁系血亲、近亲与远亲。不同于日本社会，韩国以血缘关系确定的嫡长子继承制度始终很好地实践着。血缘观念延续到对姓氏、本贯、派系的广泛重视，至今韩国仍保持着同姓不婚的习俗，而依据血缘维护宗族、强化宗族观念的行为今天也依然盛行。每年的中秋节、春节，韩国首都通往外地的交通干道都被车量堵得水泄不通，回乡祭祖、扫墓仍成为相当多的韩国人在节日中最大的心愿。祭祖仪式强化了对于家族的归属意识和血缘意识，也是理解现代韩国社会深层结构的关键之一。家谱作为血缘关系图，在今天的韩国社会依然被很多的家庭和家族所需要，没有家谱的家庭仍被视为没有根的家庭。

韩国的宗族组织始终没有遭到如中国历次运动带来的大的清除和破坏，血缘关系也没有经历强行的否定和洗礼。与中国社会“家国同构”难以维继的情形相比，韩国社会宗族共同体保持着相对较好的形态，具有相对的完整性。

因此，无论是在东亚文化圈内，还是与近邻中国和日本相

---

① Lee Kwang Kyu, 2003, Korea Traditional Culture. Seoul: Jimoondang. p141.

比，韩国血缘观念和宗族组织在现代社会的传承性、完整性和网络化都较为明显，血缘宗族的影响力成为韩国人社会形成内聚力的重要基础之一。

4.1.2 村落共同体

血缘宗族组织在社会生活中起着重要的作用，而在同一地域生息劳作的家族依靠地缘关系组成村落共同体，构成以共同风俗习惯和规范为纽带的自治群体，这是一个一切以传统为准绳的封闭、自律的社会生活组织。①

村落共同体在韩国文化中具有特殊的意义，因为它清晰地表明了传统韩国社会的生活方式。在过去，由于政府对地方的无力监管，使得地方的自治得到发展，一些共同体在自给自足的压力下得以形成。

韩国村落的行政单位是“里”（ri），然而社会学或人类学的研究也关注自然村。韩国村落的种类有郊区村（依赖于城市）、山村（位于山区，村内住户较为分散）、农耕村、渔业村等。除此之外，还有一些特别的村落，如矿村（mining village）、市场村（market village）。另外，一些村落在当今已经消失，如庙村（temple village）、驿站村（horse station、military village）。当然，村落与宗族具有重合的情况，如果就宗族的数量来分，还可以分成同族村和混居村，或叫杂村（commoner village）。同族村是由一个较大的宗族为主组成的，这时血缘与地缘关系得到重合，而杂村是由两个或两个以上宗族组成的。

每个村子都有村神，村民们共同举行村神崇拜及其他宗教仪

---

① 朱新山：《乡村社会结构变动与组织重构》，上海：上海大学出版社，2004年，第43页。

式，“在崇拜同一村神时，村民们感受到强大的支持力量。村内家庭的福祉都依赖于村落共同体的利益。”[①] 在非宗族村（或杂村），人们借助仪式（萨蛮教仪式和山神崇拜仪式等）来达成团结。我在韩国时参观了几个韩国民俗村博物馆，里面就陈列着作为村神的“天下大将军”和“地下女将军”。

为了便于在经济上共同合作和生产，人们形成了不同的互助组织：劳动力交换组织（pumasi）（提供劳动力帮助别人，并在自己需要的时候获得他人的帮助）、dure 和 ullyeok。[②] 还成立了很多互助组织，如青年组织（常做志愿者服务工作）、妇女组织（已婚中年妇女组织，负责家庭事物和家庭保险计划）。

在韩国的村落社会中，有一种叫做“契”（gye）的组织，这种组织是以地缘为基础（有时也超越地缘）的农村合作共同体组织。契的种类很多，视内容而定，有“钱契”、“青年契”、“同龄契”、“遗产契”等。契内的人员共同举办婚礼葬礼、购买物品、提供劳动力交换、盖房子、重大活动时做饭、为老人过生日等等。几乎每个人都至少加入一个以上的契的组织。“契”成为联络村民甚至村之间的一个兼具行政、经济等多功能的组织。由此可以看出来，韩国社会的组织自村落时代就已经较为成熟完善，这一特点一直延续到今天。

现在韩国仍有不少村落的历史超过400多年，也有一些村子声称本村的历史超过了500年。村子一般会编一个有关本村来源的故事，将几棵树或纪念碑与村子的历史联系起来。村子的历史越长，越会受到人们的尊敬。我曾参观过的安东河回村是韩国安东柳氏宗族的同姓村，是韩国最具魅力、享有盛名的村庄之一。

---

① Lee Kwang Kyu, 2003, Korea Traditional Culture. Seoul: Jimoondang. p170.

② Korean National Commission for UNESCO, 2003, Korean Anthropology: Contemporary Korean Culture in Flux. Seoul: Hollym International Corp. p114.

村内从上流阶层的瓦房至普通民众的草房至今仍完全保留着李朝时期的住宅式样和村落的样式，迄今仍有180多户人家在此居住。从河回村可以清晰地感受到韩国村落共同体的特色。

宗族组织与村落共同体的形成与韩国所处的自然环境有着很大的关系。韩国学者金容云认为，朝鲜半岛的地势虽然没有很高的山，但是又无处不见山，这样非山非平原的地势，使得朝鲜民族的祖先从很久以前就打下了依血缘共同聚集在山下生活的根基，在开垦门前良田的过程中形成了村落。每个村落都存在着老子所说的“谷神”。这样形成的村落与和邻近村落的连带相比，更加自给自足，朝鲜人就在这种过程中形成了固有的村落原型。[①] 金容云认为，所谓“原型”，是指一个族群初次形成的时候，与之同时产生的族群之魂，即族群集合的无意识，朝鲜人固有的原型就是一种村落的原型。

宗族组织和村落共同体正是适应传统社会的小农经济生产方式而产生的。受水利、气候等自然条件因素限制的农耕社会，必然要求充分发挥人与人之间的合作精神。宗族组织和村落共同体的生命力正是源于这种“自然属性”。

4.1.3 宗族、村落与社会内聚力的形成

1. 宗族组织与村落社会内部的互助关系

在宗族组织中，族长起着协调和组织的作用，而在村落共同体中，村委会发挥着多方面的作用，组织内的财务互助、劳动力交换、集会、仪式等都有助于宗族和村落的稳固性及内部互助性的提高。

人们（此处指韩国人——作者注）居住在一个特定的区域

① ［韩］金容云：《韩民族文艺复兴》，首尔：韩文化社，2002年版，第46页。

范围内，根据语言、习俗、价值、传统甚至宗教等构建着他们的文化同质性。因此人们很自然地相信：互相合作大家都受益，如果不合作，人们的联系就会垮掉。[①] 农耕社会绝对不允许有个人的自由行动，共同的作业、祭典加深了人们之间的连带感。祖先崇拜活动可以提供强大的对组织内同质性的认识，加强人们在精神和情感上的联系。一些仪式，如婚礼、葬礼等很多文化工具也被用来将人们联结在一起，并用来提高组织的声望。

除了作为宗教性的、历史性的组织，宗族共同体和村落共同体还作为经济性的共同体而存在。人们之间因合作而产生的财产被作为共同的福利，因而使组织内的成员都从中受益。同时组织内部在经济上和生产上有很多形式进行合作，在村民需要时提供帮助，如修路、引水、建房修屋、插秧耕种。共同的活动需要有人进行组织沟通、协调落实，而宗族村落组织相互守望、同族相恤，也有利于互助抵御天灾人祸。

在宗族内，村内形成的团结力十分强大，因此一个宗族、一个村落就是一个有机体，有机体的成员不分贵贱贫富，互相承认存在的价值，并在互相帮扶中，使每个成员都发挥出了一份力量。

宗族和村落共同体在经济互助的同时，还有效地强化了人们的亲情意识和道德感，这也成为促进一种可资运用的有效资源，对社会的和谐稳定起到了一定的保障作用。朝鲜时代自中宗以来就有“乡约”的存在，乡约提供了一种道德导向，如果村里有人遇到困难而邻人不予以帮助的话，那么这个人就要受到谴责。为了实现组织内的稳固性，和睦的关系一直受到重视，慷慨、大方、好客、助人的品行受到肯定，村民以有人气、有口碑为荣，

① Korean National Commission for UNESCO, 2003, Korean Anthropology: Contemporary Korean Culture in Flux. Seoul: Hollym International Corp. p109－110.

举止得体合宜受到鼓励，帮扶他人受到尊敬。

村落之外的其他地方都是应该加以排斥的，这种排斥意识越强，村落内的集团性也就越强。村落的交界是区隔界限，村落的本源是群体，因此共同体结合的意识是排他的存在。

因此，古代韩国社会宗族内和村落内的人际关系是复合的和多元的。这一复合多元的互动促进了人们之间的互助和情感的聚合。

2. 对组织的归属意识和依附关系

由于家族聚集而居以及由此产生的经济利益的共同性，使得农民对自己所属的家庭这一血缘共同体具有高度的心理认同。在本村各式各样的民俗仪式和祭祀中，强大的村落集团意识被建立起来。在宗族组织和乡土社会中，一个人在村子里从出生到死，一直都跟本族和本村发生着密切的联系，一个人的一切行动、思考都不能脱离这个集团组织。个人在宗族和村落中的地位，是其社会威望的重要体现，所以人们都努力维护宗族组织和村落共同体之间的团结。

乡土性是古代社会的人们对传统社会结构的一种适应，血缘和地缘的关系成为古代韩国社会的基础，为其成员提供了心灵的归宿和情感的安慰。在血缘、地缘意识影响下，韩国人形成了一种归属意识，归属意识可能是家庭、族群，也可能是村落、社区。[①] 小农经济中形成的所谓“个体的虚置”，使得个人对团体或互相形成极大的依附关系和依赖感。

---

① 姜英敏：《日韩传统道德课程理念比较——文化冲突视角》，北京：北京师范大学出版社，2003 年。

4.2　儒家思想与人伦型网络社会

韩国是世界上最为彻底的儒教国家，儒教对韩国社会人伦型网络社会的形成起到了十分重要的作用。

4.2.1　儒学思想与家族集团主义思想的形成

儒家思想传入韩国后，宗族接受并崇尚儒家文化，并以儒家文化对族人进行教育和管理。在李朝时代，儒学受到极大的重视，并享有国教的地位，因而深刻地支配着人们的思想。

儒家思想对于家族集团主义的影响首先表现在血缘亲情的伦理化和社会化。

儒家伦理观的核心是“亲”，这是在天然的血缘亲情基础上被伦理化、社会化了的亲情，因而比较为人所接受。在思想上，亲情的存在是民俗社会存在的基础，父子亲情维系着家庭的集体存在；而由父子亲情向上下两个方面延伸着的亲缘关系，维系着家族的团结。①

“亲”在韩国最为明显的体现就是“孝”，韩国儒教的最大特征在于以孝为基础的忠孝合一。首先接触儒教思想的是三国时期的高句丽，当时“孝悌忠信”思想已开始受到重视，并成为一项基本的伦理内容。《孝经》在这一时期广为流传，孝的性质得以确立。李成桂时期，在褒奖忠孝节义一条中有曰：“忠臣孝子，义夫节妇，关系风俗，在所奖励”。在忠孝方面成为楷模的

---

① 林其锬、吕良弼：《五缘文化概论》，福州：福建人民出版社，2003 年，第 230—234 页。

人，连国家都相当器重，特为奖赏。[①] 世宗大王大力推行孝道文化，他将题有“家传忠孝、世守仁敬”的牌匾赐予当时的孝子曾成为一时的佳话。李朝的儒学大家李退溪、李栗谷也积极弘扬儒家学说中的孝敬思想。因此，儒家思想在韩国社会形成了以亲为基础的人伦学说，维护并发展了出各种人伦关系。

儒学思想对于家族集团的影响还体现在通过三纲五常来使血缘亲情制度化、规范化。高丽王朝，郑梦周（1337—1392）在任宰相期间，强调义理忠孝，扶植纲常，不遗余力地推行理学教育。如立家庙，做神主，令士庶仿效朱子家礼，从而把儒家的礼俗推广到全社会。他说“为臣忠，为子孝，二者入道之大端，而立身之大节也。”[②] 高丽朝时期，政府始终极力维护儒家的纲常名教。

作为李朝时代儒学思想主流的朱子学更是大力提倡三纲五常，这成为人人都必须遵守的天理和为人之根本，也成为传统社会的日常实践伦理，并影响着人们的关系和社会秩序。“政府不仅出版很多关于三纲五常的书记，还在每一本律法书中解释三纲五常伦理实践”。[③]《朱子家礼》等儒家经典被朝鲜社会广泛地研习和传诵。至今，我所接触的一些四十岁以上的韩国人仍然可以诵读出《朱子家礼》的一些篇章。

以三纲五常思想为代表的朱子理学以忠孝为基础，以家为中心，由己推人，由家及国，把自我的道德自觉和对家人的情感延展到其他人。在三纲五常思想的影响下，各个家庭成员按照自己的角色，自觉地遵守相应的道德准则，履行应当承担的道德义务，维持着紧密的社会关系。

---

① 崔根德：《韩国儒学思想研究》，北京：学苑出版社，1998 年，第 211 页。

② 见《三峰集》卷 3。

③ Lee Kwang Kyu，2003，Korea Traditional Culture，Seoul：Jimoondang，p239.

至今，传统儒教在韩国社会实际生活中仍然起着某种密切社会人际和家庭亲族之间关系的积极作用，儒教的一些伦理观念仍然有着一定的影响。比如韩国人至今仍十分注重血缘亲族关系，坚持同本同姓不得通婚的原则；韩国人也十分看重社会等级身份。朝鲜时代的两班身份，至今还受到一些人的推崇，两班的后裔成为部分家长为子女选择结婚对象的一个条件。

除了在家族血缘关系上人们应该遵从孝悌的原则之外，儒教思想在普遍原则指导下的人际关系上，也发挥着协调功能。

儒家思想将家庭中的长幼有序延展到社会上。孔子倡导“己所不欲，勿施于人”[①]、“己欲立而立人，己欲达而达人”[②]、“老吾老，以及人之老；幼吾幼，以及人之幼”[③]，这些都是维护和调节各种人际关系的基础原则。儒家思想认为个体在自己与他人的关系中，不是以个人为中心，而是以关心他人和群体为前提，在自我克制中寻求整体的平衡和统一。这种重视人际关系的思想对于社会内聚力的形成同样具有积极的作用。

4.2.2　儒学思想与国家共同体意识的形成

儒家认为，社会是一个整体，是由不同等级和处在不同关系中的人所组成的。在儒学伦理的发展中，孝的原则被不断扩大化，国家被视作扩大了的家庭，直至成为处理家族乃至忠诚于共同体或国家的原则。

儒家思想将家庭的原则扩大到国家组织，主张建立“一君万民”的中央集权政治体制。为了实现这一主张，儒家文化把

① 见《论语·卫灵公》。
② 见《论语·雍也》。
③ 见《孟子梁惠王上》。

“孝”的观念移植到社会上，即为“忠”。五伦思想和三纲五常，使得由个人到家族到国家的诸多层级用纲常关系来维系，也确立了国家的权威地位。“这种权威会形成一种强大的整体号召机制，动员广大人民群众站在一个国家或集体的立场上，为实现共同的目标而共同努力”。[①]

韩国人从“孝”派生出了家长制的集体主义，从长幼有序派生出了权威主义。儒家伦理重视以家族为中心的集团的共生，强调家族、族群的同质性和一体性。“家是国的基础，国是家的延伸，对家的孝必然要求对家的忠，由此建立的国家组织，是按有系统的位序伦理维持的上下级人际关系。”[②]

儒家利用五伦及三纲五常思想“编织出一套严密的人伦关系之网，笼罩于全社会，从而形成了血缘相联、家国一体的群体网络结构。这种人伦型群体网络结构，利用血缘和人情因素，从而增加了亲和力和凝聚力”[③]，这种力量将各种不稳定的因素平定在一个范围内，有利于使全民朝着一个共同的目标协调发展。

要知，儒学及由此发展出来的朱子学在朝鲜社会对于形成家族的凝聚力、民众对于国家的向心力、族群的亲和力都有着不可忽视的作用。

---

① 卢新德：《简论儒学与东北亚区域合作和发展》，载《中韩人文社会科学研究》（第2辑），牛林杰、刘宝全主编，济南：山东大学出版社，2007年，第25页。

② 崔志英：《日韩两国文化的比较研究》，载《当代亚太》2005年第5期，第60页。

③ 徐远和：《中韩传统思想与现代化》，载《当代韩国——第九次中韩论坛专稿》2001年冬季号，第9页。

4.3　缘分主义社会

4.3.1　缘分主义的形成

进入工业化社会，“原生性的共同体”——传统的血缘宗族组织和地缘集团受到了一定的冲击，村落的瓦解使人们失去了稳固性和自足感。

在都市化的今天，韩国人在乡村时代所形成的宗族意识和集团意识并没有真正地消失，而是被悄悄地保留了起来，直到人们发现有个地方能令自己产生一种安全感，人们便把保留起来的集团意识投射了进去。韩国人的心中所持续着的这种思考方式在韩国人现代组织和团体的形成过程中，起到了很大的作用。正是基于这样的原因，韩国人在现代社会形成了所谓的“因缘主义价值观”。韩国本土学者李元馥也将其称为“缘分主义”(Cronism)。他认为，社会关系复杂的韩国，有着通过血缘、学缘、地缘等所有可能的缘分来保护自己的强烈本能。[①]

所谓缘分主义是将传统的血缘和地缘关系涵盖进来，也包括在现代社会形成的学缘、职缘以及因宗教产生的缘分等。在上述的关系中，血缘曾占有绝对重要的地位，但是其他方面，如学缘、地缘、职缘等作为使韩国人摆脱血缘关系狭隘范围的因素，在韩国人现实生活中也已成为沟通同宗、同乡、同业、同信仰的社会成员之间关系的重要纽带。

---

① ［韩］李元馥：《漫话韩国》，朴惠园译，北京：中信出版社，2005 年，第 57 页。

缘分主义将文化置于组织之上，与传统社会有一定的连接，但是更被赋予了新的文化意义。新的组织在原则上和内容上与传统的组织有一定的区别。校友会、宗教组织以及因同事关系形成的组织等，形成了一种新的宗族意义上的同质性，并达到了一种内部互动。当代韩国人认为，人际关系和组织关系的生成、存在与变化起因于人与人之间的因缘，各种因缘将不同的人联结在一起，近亲远疏等处世原则此时成为可操作的原则。正是基于这样的认识，缘分主义才得以十分顺利地扎根于韩国社会，成为现代人抵御不安定因素的的一个手段。

缘分主义是国家在现代化进程中的历史性变迁的结果。在高楼大厦密集的大都市中，人们之间的关系并没有淡化，相反，人们按照缘分主义的关系原则形成了各类小规模的新的共同体。

可以说，缘分主义价值观在现代韩国人组织的形成中起着很大的作用，使得现代韩国人的内部联系进一步得到了提高。

4.3.2 缘分主义的具体内涵

下文将就各类因缘关系进行详细的阐释。

血缘关系及其延伸。血缘是韩国人的各种因缘中最受重视的一种关系。在现代社会，血缘关系依然延续，宗亲会就是一直延续到今天都市中的血缘组织。这一点在本章前面有所阐述，此处不再赘述。

地缘关系及其延伸。地缘关系曾经是决定韩国人姓氏、本贯及其派系的自然基础，而在历史的展开中，地缘成为将生活在同一地域那些没有血缘关系的人连接在一起的重要纽带。在现代社会，遍布韩国各地的同乡会可视为代表韩国人地缘关系的一种新的组织形式。“同乡会中最有名的也许是汉城和首都圈的‘湖南乡友会'"①，这是韩国最大的以地缘为基础的亲睦团体。"湖南乡友会"是"在京（指韩国首尔——作者注）光州全南乡友会"和"在京全北道民会"的非正式的总称。其中在京光州全南乡友会尤为引人注目，其会员总数达500万人，其中首尔市内有300万人，京畿、仁川等首都圈其他地区有200万人。

学缘关系。学缘虽然与血缘没有直接的关系，但作为与地缘有密切关系且又是超越地缘的一种因缘，在韩国也常常被用做形成群体关系的一种手段。中小学校的同窗关系必然会将某人的网络扩大至其出生地，因而有时也会形成学缘与地缘的重合。到了大学时期，许多韩国人走出自己的出生地或原生活地区，到首尔或其他地区读书。因此，学缘是一种以地缘为基础但又超越地缘的因缘，它会产生一种与血缘共同体或地缘共同体不同的新的共同体，成为将不同血缘、不同地缘的人们连接在一起的重要纽带。

遍布全国的各种同窗会、同门会是代表韩国人学缘关系的组织形式。最有名的是庆北高中同窗会和高丽大学校友会。高丽大学校友会是韩国规模最大的校友会，会员多达18万人，其组织机构仿佛是一个政党。总会下面有各学院校友会、各系校友会及其分会、国内支部和国外支部等。几乎所有行业都成立高丽大学校友会，而设立高丽大学校友会的工作单位就有442家。高丽大学校友会设有校友会馆、校友奖学会，还出版校友会报，表现十分活跃。②

值得一提的是，韩国大学学缘关系的形成是有一定的社会历

① 金秉石：《韩国四大凝聚力研究》，《朝鲜》，1999年第5期。

② 朴昌根：《论韩国人的因缘主义价值观对韩国社会政治、经济、经营现代化的影响》，原载《韩国传统文化的反思与新探》（论文集），首尔：韩国大旺社，2002年，第174—193页。

史背景的。在朴正熙政权以前，政府的高官们所毕业的学校很分散，因此并没有形成以共同学校为契机的强韧的社会网络。促使大学学缘的形成，乃是由于朴正熙的“军事革命”和军人所发挥的领导力所致。在朴正熙时代，领导者多是军人，且主要毕业于陆军士官学校，这些人原本是社会的劣势群体，学历不高，但由于相互团结从而掌握了政权，以坚强的团结力和执行能力成为社会的领导者。这些人出自人才辈出的陆军士官学校，也就是所谓的军人职业集团。这一集团关系的形成，使得士官学校以外的其他大学或专科毕业者不得不凝聚起来，朝着强化自身团结的方向发展，巩固其自身的利益，以抵抗强大的军人集团。这一特殊的历史事件也激发了大学学缘关系的形成和迅速发展。①

图 4－1 作者（前排左二）与韩国驻在员在一起

① 参见［日］服部民夫：《韩国—ネツトヮ—ケと政治文化》，东京：东京大学出版会，1992 年。

职缘关系。在同一个工作单位工作的人，因共同的事业、共同的利益而产生同单位成员之间的因缘关系被称为职缘或业缘。韩国有一个组织叫“在乡军人会”，该组织由数百万退役军人组成，其中由退役海军陆战队组织的海兵战友会是其中最有名的退役军人团体。职缘在韩国各大公司企业组织中更是十分盛行。这种以职缘为纽带的人际关系在韩国社会的各行各业中起着或大或小的作用，是韩国人普遍予以重视的一种因缘。

宗教缘关系。基督教传入韩国是在17世纪由清朝传入的。不过，直到第二次世界大战结束前，韩国还是一个以佛教为主的国家，并带有深厚的儒教传统，而基督徒只有1%的人口。基督教在韩国社会的飞速发展是20世纪70年代后韩国经济迅速腾飞以后开始的。

随着基督教、天主教在韩国的迅猛发展，韩国人迅速地顺应并接受了这一新的文化因素，并娴熟地运用曾经建立起的社会网络和内聚力，将教会经营得具有了强烈的东方儒家特色，从而形成了新的因缘关系，目前很少有人关注这一关系，笔者姑且将这一关系命名为“宗教缘”。“宗教缘”的出现，可以说是因缘主义社会的一种新的组织关系。宗教缘在韩国组织中的势力和影响也越来越大，在海外其他国家，韩国人也善于利用这一关系寻找或建立宗教组织。

当然，上述几种因缘关系并不是互不相干的，有时在单一的、以某种因缘关系为主线的组织内还可能交互着其他的因缘关系，使得关系复杂化和多元化。比如，在同一家公司内，毕业于同一所大学的学生会自然形成一种互动和互助关系；在由地缘关系发展出来的同乡会中，从事同一职业的人们会更倾向于联系在一起。

4.3.3 缘分主义的特征

韩国人认为人际关系和组织关系的生成、存在与变化皆起因于各种因缘关系，因缘是人际关系和组织关系的本质，而人生乃是不间断的结缘与断缘的过程。因缘主义价值观不仅使韩国人在心理上向同质性倾斜，而且使韩国人在思考方式上呈现出非理性主义的特点。

韩国人之成为社会人，首先是成为各种因缘共同体的成员，而同一个人通常在不同的因缘共同体中承担不同的角色。不同的年龄、性别、职业、地域的韩国人总是能从复杂的人际关系，如亲属关系、邻居关系，同窗关系、职业关系或国家关系网中迅速地梳理出特定的因缘关系，这一因缘关系的确定很快就会给两个毫不相关的人定位出适当的社会位置。传统的儒家文化在此时也发挥了作用，规定或强化着这两个人互相交往的准则。这一过程虽然要借助一连串拐弯抹角的类比来完成，但立足点总是落在那几种基本关系的义务上。

大部分韩国人都处在无数个共同体中，这是在垂直的社会结构中，建立水平关系纽带来保护自己的手段。这也是具有韩国特色的缘分主义的表现。①

由此，韩国社会形成一个以各种因缘为基础的错综复杂的人际关系网络。因缘不仅通过自然发生的关系从情感上将有关的个人联系在一起，而且通过成为亲睦团体的社会组织把相关的个人联合成为因缘共同体。

---

① ［韩］李元馥：《漫话韩国》，朴惠园译，北京：中信出版社，2005 年，第 81 页。

4.4　非正式组织和团体的出现

20世纪80年代，韩国政府的权威在某种意义上逐渐消减，人们开始创建诸多的市民组织和团体，形成了活跃的市民社会。市民社会中涌现出了大量的非血缘和地缘关系的组织，这些组织围绕着某种目的（政治目的居多，也有其他目的）或利益而组成，呈现出一定的流动性。“市民组织是回应国家共同体意识，在新的意识支配下形成的新式共同体。”[①] 市民组织成为人们离开村落、离开传统社会时所寻求的新型的组织。当共同体超越村庄和宗族组织时，人们像尝试以往的共同体一样，积极参与市民运动的形成和扩展。[②] 因此，虽然市民组织大多是围绕着政治、教育、经济、环保、福利等目的和利益形成的团体，但是对韩国各类组织的活跃和发展还是起到了积极的推动作用。

韩国的市民运动使市民更多地参与到了社会的建设中，志愿者团体也大量增加，普通民众参与到市民组织是较为普遍的事情。在我参观的韩国江陵市，市民们就响应政府的号召。在各名胜古迹，志愿组织宣传服务团体，向外国游客介绍韩国名胜古迹，所有费用由政府支付。我在江陵著名的乌竹轩公园还因此认识了一位志愿者金女士。金女士是家庭主妇，受过良好的教育，她负责用英语接待外国客人。市民组织的多样化和迅速发展也成为韩国当代组织的又一大特色。

---

① Korean National Commission for UNESCO, 2003, Korean Anthropology: Contemporary Korean Culture in Flux, Seoul: Hollym International Corp, p113.

② Korean National Commission for UNESCO, 2003, Korean Anthropology: Contemporary Korean Culture in Flux, Seoul: Hollym International Corp, p134.

与此同时，很多非正式性的、没有功利色彩的人们结合在一起形成了自愿组织，其成员之间的相互关系具有明显的情绪色彩，并以个人的喜好为基础，同时具有很强的文化同质性。组织“成员的资格和界限是模糊的，是一个以族群为轴心松散地结合在一起的非定型的人们的集合体。”① 这些团体包括高尔夫球组织、传统文化保存机构等等。

上述组织也可称为超缘分组织，“社会网络的开放性减少了地域差别的歧视，增强了内部的联系致密性。”② 超缘分组织是人们在适应后现代社会过程中的一种选择策略的延伸。

尽管这类组织具有开放性和松散性，在原则上和内容上都与传统的组织有所区别，但是并非完全不能看到缘分主义关系的存在，也或多或少地带着韩国社会组织特有的烙印。

4.5 小　结

本章以历史为原点，对韩国社会内聚力致密化的过程进行了分析。

宗族组织作为韩国社会最基本和最强韧的组织形态，在古代韩国社会中得到了充分的发展，并形成了韩国人际关系和社会关系的基础。一些宗族组织在进入城市后发展出了可以覆盖全国的“宗亲会”组织网络。韩国血缘观念和宗族组织在现代社会呈现出的相对完整性、延续性和网络化成为韩国社会形成内聚力的重

① ［日］广田康生：《城市和移民》，马铭译，北京：商务印书馆，2005 年，第 88 页。

② Korean National Commission for UNESCO，2003，Korean Anthropology：Contemporary Korean Culture in Flux，Seoul：Hollym International Corp，p526.

要基础。

宗族组织和村落共同体为其成员提供了归属感和一体感。宗族组织与村落社会通过各种文化事项和活动来提高宗族和村落的稳固性及内部互助性。除了作为宗教性的、历史性的组织，宗族组织和村落共同体还作为经济性的共同体而存在，宗族和村落共同体还有效地强化着人们的道德意识和行为规范。因此，宗族内和村落内的人际关系是复合的和多元的，这一复合多元的互动促进了人们之间的互助和情感的聚合。

可以说，由宗族和村落社会构筑的共同体意识造就了韩国人的“个人总是隶属于特定集体组成的社会秩序之中”的精神世界。由宗族观念和村落观念脱胎而成的各类现代组织也始终能为人们构筑起无限的团结感和实体感，支撑起韩国人的精神和情感家园。

儒家伦理以家族、宗族为中心，强化了血缘宗族和共同体意识，并为人们提供了一个共同的目标和价值观。儒家思想对韩国内聚力的影响体现在家我、人我和国家三个层次上。

儒家思想对于人伦型网络社会的构建首先体现在其对于家族集团主义的影响。儒家思想强化了血缘亲情的伦理化、社会化、制度化和规范化。在纲常伦理的约束下，人们都要从家庭和家族的整体利益出发，维护现有的社会关系，调整着自己的伦理道德。儒家思想的影响还由家族中的关系扩张到了普遍的人际关系中，使人们能在人际交往中，在自我克制中寻求整体的平衡和统一。儒学思想对国家共同体意识的形成也有很重要的作用。儒学伦理把孝的原则不断扩大化，把国家作为扩大了的家庭，直至成为处理家庭乃至忠诚于共同体或国家的原则。由此，通过对社会、人我、家国关系的三个逐渐递进层面的影响，儒家的思想编织出一套严密的人伦关系之网，从而形成了血缘相联、家国一体的群体网络结构。

进入工业化社会以后，韩国社会又发出更为丰富的关系，来应对复杂的社会给人们带来的不安定感，“缘分主义”因此形成。缘分主义脱胎于传统的血缘和地缘关系，并将文化置于组织之上，因此形成了血缘、地缘、学缘、职缘以及因宗教产生的缘分。由此，韩国社会形成一个以各种因缘为基础的错综复杂的人际关系网络。韩国的学者李御宁将韩国人的关系比喻为绳子，意为人们组结在一起的状态，这也恰好道出了这一点。①

20 世纪 80 年代以后，韩国市民时代到来后，人们形成了诸多的市民组织和团体，同时很多非正式性的人们结合在一起形成了自愿组织，这些组织也具有很强的文化同质性。韩国各类超缘分主义关系的存在使得社会组织呈现出开放而又活跃的状态。

综上，本章对韩国的社会内聚力进行人类学的分析，认为韩国社会具有如下的特点：（1）以宗族、家族为核心的共同体以及以村落组织作为基本的社会组织，对韩国社会组织的影响今天依然存在。（2）儒学思想使得宗族组织血缘意识社会伦理体系和等级制度得到加强，家族意识被突出和强化。儒学思想对人际交流原则、家族集团主义思想及国家共同体意识的形成发生着很大的作用。（3）进入现代化复杂社会后，形成了“缘分主义社会”。血缘和地缘被赋予了新的文化含义，在此基础上各种组织是围绕着各种“缘”进行的。（4）进入市民社会后，各类超缘分主义团体大量涌现，使得韩国社会的文化凝聚力进一步提高。

因此，本研究认为，韩国社会文化的内聚力在社会的发展进程中不断提升，具有致密化的倾向和特征。这一特征也成为文化聚合的另一个重要成因。

组织本身越是致密，就越能织成各种社会的基本互助功能。

---

① ［韩］李御宁：《韩国人的心》，张乃丽译，济南：山东人民出版社，2007 年，第 102—104 页。

按照这些社会基本互助功能，在京韩国人在流入地和流出地之间形成了独特的跨越国境的社会空间。这一点将会在“韩人社会的登场”一章中做进一步的阐述。

第五章 在京“韩人社会”的登场

新的生活方式在这些区域和组织中诞生和演绎，重新适应和自我认识的过程也在这些关系中展开。

5.1 “韩人社会”的构成

5.1.1 来京韩国人的构成

1992年两国建交后，陆续有大批韩国人来到中国，他们主要居住工作在北京、上海、青岛、大连等地。到2008年，在北京的韩国人大约有10万人，如此众多的韩国来华成员可以分成以下四大类。

第一类是留学生。这一类人群的跨境行为属于学习迁移。

根据《人民日报》海外版报道，2007年是中韩建交15周年，随着两国往来日益频繁，在中国的韩国留学生，也已从1992年的232人增至5万多人，其中北京就有3万人左右。韩国留学生已经成为中国最大的留学生群体。

很多大学生和高中毕业生在北京的高校或在韩国人开办的学校进修汉语和汉文化。在这些人的带动下，韩国的“汉语热”

成为一种令人瞩目的文化教育现象。除了汉语进修生，留学生中也有不少本科生、硕士研究生和博士研究生，这些人的数量在最近几年增长很快，经济、贸易、法律和国际关系等是韩国学生喜欢的专业。

近些年韩国学生到中国留学呈现出低龄化趋势。有不少中学生、小学生在中国接受教育。2005 年，有 6000 多名中小学生赴中国学习，比 2000 年上升了近 5 倍之多。他们既学习汉语，也学习数学、英语等课程，这些人主动纳入到了中国的教育制度中。他们毕业后，相当一部分人在中国继续接受本科教育。

留学生中也包括各类社会进修人员，主要是在职的公务员和公司职员，他们被政府或公司委派到北京来学习。据我的报道人金先生说，韩国某部委每年派 20 人左右到中国学习汉语或其他学科，学员从全国严格选拔。他参加考试的那一年，92 人中只有 3 人完全合格，后来又增加了 14 人，当年共派 17 人来华学习。其中 36 岁的李小姐是韩国京畿道教育厅的官员。而 37 岁的朴先生则是税务部门的公务员，在中国学习法律。这些人来京进修和学习有关中国的教育、法律、经济等诸多方面的知识。

第二类人群是跨国公司工作人员和政府官员，这类人员的跨境行为属于就业迁移。2003 年以来，中国已连续多年成为韩国第一大出口市场，也是韩国第一大投资国。早在多年前，很多韩国公司就把眼光投向中国，在北京投资的较大规模的跨国企业就有一二十家之多，包括三星公司、现代公司、LG 等在国际上知名的韩国跨国公司。这些公司的管理层几乎都是韩国人。当然，韩国政府派驻的公务员也不在少数，多集中在外交、教育、经济等领域。

第三类是私营企业主和自由工作者。这一类型人员的跨境行为属于投资迁移，也有的是就业迁移。在京分布着数百家韩国私营企业，这些企业的规模不等，但是无法与三星、现代这样的国际知名企业相比，不过这类公司数量众多，涵盖了经济贸易、服务业、制造业、加工业和餐饮业等各个行业。还有一些自由工作者为韩国人提供一些中国人不容易参与进入的服务，如专门为韩国人代理签证、出租或买卖房屋等。

第四类是来华工作学习人员的家属，这类人员的跨境行为属于随靠迁移。

韩国女性从业人数虽然近些年日益增加，但是仍有相当多的已婚女性回到家庭。在京韩国人的家属中，相当一部分都是家庭主妇。在望京地区，韩国店铺内经常可以见到这些装扮讲究的中年韩国妇女，这些人基本上都是在家料理家务、照顾家人的主妇。这些人陪同丈夫来华工作，也有人专门陪同未成年子女来华求学，经常带孩子去北京的汉语补习学校，这些人被人们称为小留学生的“陪读妈妈”。她们照顾孩子、买菜做饭，每天十分繁忙，有人还经常参加教堂的聚会。有的家庭主妇还负责将自己的一间房空出来，给韩国学生提供住房和食宿，月收入能达到4000—5000 元左右。

5.1.2 韩国人社区

族群凝聚力不仅表现为一种精神性的结构，而且还向一个具体的“场所”靠拢，并通过自身的网络跨越边境而向周边扩散。该“场所”所具备的社会的以及个人的条件，是事关“作为支撑其生活方式的社会背景的网络及其共同性”形成的关键。①

北京地区比较集中的韩国人社区主要有五道口、望京两处。另外，还有一些韩国人居住在亚运村附近，不过并未形成如上述

① ［日］广田康生：《移民和城市》，马铭译，北京：商务印书馆，2005 年，序章第 21 页。

五道口、望京社区的规模。以望京、五道口社区为中心向四周扩散，形成了北京韩国人大聚居和小分散的情况。

语言教学和教育是五道口社区形成的推动力，该社区是教育推动社会网络形成和发展的范例。五道口地区的北京语言大学是全国最早开展对外汉语教学的正规教育机构。以北京语言大学为中心，周围还分布着北京林业大学、清华大学等高校。这一地区还出现了很多韩国人开办的“汉语学院”①。目前该地区的汉语学院已发展到了多家，发展势头良好。这些学院基本上都是韩国人参与创建的，在服务、经营模式等诸多方面都与韩国的汉语学院极为类似，可以说是韩国汉语学院在中国的一种延伸。这些学院的主要任务有两个：培训汉语和汉文化，为那些想在中国上大学的学生们做应试的准备，同时也帮助留学生办理一些留学手续，提供留学咨询服务。学院也以韩国学生为主体（占 80%），兼有日本和少许欧美学生。

由于相当多的韩国留学生聚集到北京语言大学所在的五道口地区学习，使得这一地区在 20 世纪 90 年代就成为北京韩国人（特别是留学生）聚集的地区。

目前五道口地区已成为韩国留学生求学、交友、求职、住宿、信息中转、联络的一个回路和关系网络中的结点，具有相对独立的特点。聚居区建立了一些服务性的公共设施，如商店、医院、运动场、农贸市场，社区内的餐饮、娱乐场所也十分活跃。该社区的住宅及相关的产业等也都得到了带动。

望京社区形成得稍微晚些，那里集中了在京 80% 的韩国公司、餐饮娱乐和办事机构，是韩国人家庭聚居的最主要的社区。随着望京地区韩国人规模的扩大，很多人也把望京社区称作

① 汉语学院是韩国人的叫法，也就是我们通常所说的汉语补习学校——作者注。

图 5－1 望京新区

“韩国城”。

位于朝阳区的望京地区是北京政府 1992 年规划的，那一年正值中韩建交，当时望京这一带被规划为居住 30 万住户的小区，是那一时期为数不多的大型小区。1999 年访问此地的中国总理朱镕基曾称赞道：“这里的居住环境不错。”由此，这一地区开始受到关注。

在望京新城建好之前，韩国人散居在花家地一带。1996 年望京新城一期竣工，第二年，它迎来了第一批入住的 200 多户韩国人。韩国人最初来到这里，是因为朝阳区有不少韩国企业在京的办事机构，一些精明的韩国人发现了望京这一风水宝地，陆续来到这里发展。另外，受亚洲金融危机的影响，很多韩国人因承受不住北京市中心区高额的公寓租金，便纷纷移居这一地区。由于这里是新城，有较大的发展空间，2000 年以后，越来越多的韩国人来到这里，生活居住在这里，社区由此而形成。

如今，望京建起了很多高级公寓，居住在这里的韩国人也增加至7万多名。经过十几年的发展，目前这里已经成为一个综合性的商业住宅社区，而推动这一社区发展的正是韩国人。望京的大规模建设为来华韩国人的聚集提供了空间上的可能性。在韩国人最为集中的望京西园三区和四区，韩国住户的比例甚至超过了50%。我认识的英玉姐姐说，望京西园三区和四区绝大部分的房子都出租给韩国人了。据房屋中介公司的销售人员说，虽然官方公布的数字显示在北京的韩国人有6万左右，但这个数字只是留学生和企业的工作人员，如果算上他们的家属，光望京的韩国人就超过6万。

2005年的一天，我和一个韩国朋友乘坐921路汽车来到了望京。下车后，看到满街都是商铺、楼盘、医院、学校、理发店，非常热闹。商铺门脸的招牌以及超市货上的价签、橱窗里的打折广告，还有餐馆里的菜单，凡是有文字的地方都有韩文。在街上，也能听到韩国人用韩语聊天。一家餐馆里播放着时尚的韩剧中的歌曲；饭馆里用的是我在韩国就常见的铁筷子，还有韩国人坐惯了的木炕，服装、首饰、影碟也都是韩国最新流行的。这一切使我仿佛又回到了韩国。

在望京新城，韩国人几乎垄断了这个区域的餐饮业。凡是吃饭的地方几乎都有韩餐，我看到了“全州馆”、“汉拿山”很多以韩国地名命名的餐厅。除了韩国餐馆，韩国人还开了很多韩式发廊。虽然望京新城里中国人开的发廊不少，但是韩国人一般只去有韩国理发师的发廊。望京新城中所有针对韩国人的商品都是韩国原产的，小超市里的柴米油盐、日用百货都是韩国货，经营这些商品的大部分商户是居住在此地的韩国人。韩国人还经营服装鞋帽、珠宝、化妆品、中韩药材，另外卖韩国瓷器、DVD、各式韩国小蘑菇的也不少。

有韩国人的地方当然就会有跆拳道馆，除此之外这里还有棋馆和韩语幼儿园，也可以很方便地买到专供韩国人使用的国际长途电话 IP 卡。一些居民楼窗户上张贴的广告大多数是韩文的，有“兑换韩币”、“办理签证”等字样。我注意到，电梯里物业最新的通知也是一行中文，一行韩文。韩国人把这里变成了韩国城，学习、工作、娱乐，自由自在地在这里生活着。

望京社区的相关部门也尽量为韩国人的居住提供着方便。为了方便望京社区与五道口地区进行联络，市政府还专门开辟了往返于两地的公共汽车专线。据报道，2005 年，韩国人比较集中的南湖派出所招聘了一名会韩语的片警，他们还专门设立了一个接待韩国人的窗口。在望京的社区医院中，会韩语的医生也是被优先录用的。2008 年后，望京地区的路标很多是中、英、韩三语标识。即使一个对汉字、汉语一窍不通的韩国人，生活在这样的社区也会感到自如、便利。

五道口、望京这两个地区目前已经成为有组织的族群飞地（ethnic enclaves）。新的生活方式在这些区域和关系中诞生和演绎，重新适应和自我认识的过程也在这些关系中展开。

5.1.3 信息和媒体的空间

电视台、报刊等信息网络是跨境群体必备的资讯系统。R. Remond Breton 将跨境共同体的形成划分为以下四个阶段：第一个阶段是朋友关系网的形成；第二个阶段是相互扶助的公共组织的形成；第三个阶段是报刊等媒体以及产业组织的形成。第四阶段是建立满足所有生活需要的各种设施的阶段，如建立教会和学校等。①

① 参见日本学者广田康生《移民和城市》，马铭译，北京：商务印书馆，2005 年，第 120 页。

韩国人在北京建立了多家网站、报纸，还有几十家服务于韩国人群体的杂志刊物等。同时由于卫星电视技术的普及，几乎在每一家韩国人开设的餐厅、公司内都可以收收看到多家韩国电视台播放的节目。日本和其他一些国家的人在北京也开办了一些服务于本族群体的报纸、杂志，但是无论在规模上还是在覆盖面上，都无法与韩国人的相比，至于卫星电视的开通更不如在京韩国社区的普及。

报纸是联结韩国人社团的手段和桥梁，构成了作为韩人社会形成的关键因素之一。韩国在北京创办了多家报刊，影响力比较大的有《北京周刊》。该刊物报道北京和韩国的新闻，内容涉及经济、金融、健康、饮食等，也有很多娱乐性的信息。刊物上还开设汉语学习栏目，还有一些基督教关于如何做人方面的文章，因此，已成为韩国人了解北京的一个窗口。其他一些组织和团体也出版了内部刊物，如《中国韩人会报》是2003 年9 月 25 日创刊的，由韩人会创办，读者自然为在京韩国人。

为在京韩国人提供服务的网络也十分繁多。中韩交流联盟（CKCU）是中国人和韩国人共同创办的团体，该团体创办的网络平台旨在为中韩交流架起桥梁，目前在该网络注册的会员越来越多。另外北京大学、人民大学的网站上也有专门为韩国留学生开辟的交流平台。

在北京韩国人信息网络中，最有特色、发行量最大的乃是各类生活咨询杂志，日本学者把这类杂志称作“韩人录”①。

这些生活资讯杂志在五道口和望京的超市和饭店里都能找到，在韩国人开办的教会和学校中也有，内容包括组织和团体的电话（如韩人会、企业团体、教会名录、乡友会等），还有医

① ［日］朝仓敏夫：《‘韩人录’の世界》，载朝仓敏夫、冈田浩树编《ゲローバル化と韩国社会——その内と外》，东京：创文堂株式会社，2007 年。

院、餐厅等服务机构的信息和个人名录。

图 5－2 韩人录

我收集到的这类杂志有《韩国城》、《On Beijing》等六七种。其中有一本杂志叫《韩玛尔》，“玛尔”是村子的意思，“韩”在韩语中有“韩国”的意思，也有“一个”的意思，所以这本杂志是“韩人村”的意思，也有“一个村落”的意思，可谓一语双关。

下面是一期“韩人录”的部分内容，该期共包括娱乐信息62条，广告类信息103条，社会信息64条，其中22条韩国新闻，42条中国新闻。

现摘录一些信息如下：

1. 广告信息

餐饮类：韩餐厅玉流观、熊家烧烤等、日本料理秀野、西班牙料理瀛海等

通信类：4008898888 国际电话卡介绍

汽车租赁：韩国锦湖汽车租赁（北京）公司

医疗健康：英才理康综合门诊、延世美容整形医院等

房产及装修公司：鑫韩装饰公司、天使房地产经纪公司

生活用品类：北京汉阳百货店

宾馆类：海伦宾馆、北京最早对韩国人开放的宾馆

教会、校友会等组织的活动：望京韩人教会、庆熙大学校友等

2. 文化、体育信息

文化古迹：文天祥祠

北京的跆拳道馆和跆拳道文化介绍

在京韩国人体育大会的深度报道

3. （汉语）教育信息

北京市干部管理大学国际部

厦门大学、清华大学

廊坊新实验中学等介绍

4. 生活服务信息

实用生活菜谱：如何做韩餐等

北京的民泊（一种居家旅店）

美容的方法

法律问题

卫星电视的连接

翻译公司、律师事务所

高尔夫球等各类学会

从北京的“韩人录”中可以看出来医疗、教育和高尔夫对韩国人的重要性，也可以详细地了解企业、组织机构的具体数量和资讯，因为差不多每家机构、组织和企业都会在韩人录上推介自己。

较为完备的韩国人信息网络有力地支持了在京韩国人的生活、工作和群体内部的交流。

5.1.4 在京韩国人组织

韩国人的组织在世界上无处不在。韩国人会根据不同的需要建立自己的组织。①

（一）在京韩人会

1998 年 10 月“在中国韩国人会”（Korean National Association）成立，该组织的分会遍及北京、天津、沈阳、长春、威海、大连、抚顺等地。

“在京韩人会”是“在中国韩人会”中发展比较快的，是在北京各类非正式组织所依托的平台。在韩人会的推动和支持下，各类组织和团体十分顺利而自然地建立并发展起来，从而形成了较为发达的人际沟通网络，这些网络连接着在京的韩国人组织和社团，几乎覆盖了全体韩国人。在京韩人会经常组织各类范围较大的活动，如在京韩国企业面向韩国留学生召开的招聘、推介、培训大会，另外还有韩人体育大会、高尔夫球比赛等诸多活动，并负责接待来华参加 2008 年北京奥运会工作等重大赛事的团体。

韩人会成为京城韩国人社会的一个核心，对于协调各类组织，培养韩国人的团体观念，维系族群认同起到了积极的作用。

（二）在京留学生的组织和空间

韩国留学生来华学习的同时，也在寻找和创立自己的组织。

① James Hoare and Susan Pares, 1988, Korea - An Introduction, Kegan Paul International Limited. London and New York. p192.

由于在京韩国留学生达到几万人，因此，在京韩国留学生的组织也是十分引人注意的团体。对于留学生来说，亲缘关系的网络不是很多，而地缘群体、同学关系群体则是他们普遍依靠的人际交往方式。北京市韩国留学生总会从宏观上负责留学生的各项活动，各个学校也各自设有韩国留学生会。这类组织的完善程度在其他国家的留学生组织中是不多见的。

绝大部分韩国留学生在北京市各大学或汉语教学机构中进行学习，因此学校作为一个时空的组合，在特定的时间里将人们集合在一个场所接受教育和培训，于无形中也给那些不曾相识的学生们建立联系提供了条件。

（三）在京校友会、同乡会

在京韩国人一般都定期参加校友会活动，校友会一般半年举行一次活动，有的校友会甚至一两个月就举行一次活动。

在各类韩国人的报纸和杂志上，经常可以看到很多校友会的通知，比如首尔大学、高丽大学、庆北大学同窗会以及很多高中同窗会。值得注意的是，比起大学的校友会，那些高中校友会，特别是著名高中的校友会尤其注重校友之间的联系。因为那些排名靠前的高中的学生很可能进入名牌大学，毕业后有相当一部分人在社会各界从事着令人尊敬的工作。一些从商的校友为了结识在政府工作的人士，也在校友中寻找有利于事业的校友。另外，有些韩国政府组织的来京公务员进修班也定期聚会，这类聚会既有依学缘而聚也有依职缘而聚的特点。

当然，同乡会也较为活跃，首尔以外的大城市，如釜山、大邱、大田还有江原道等在北京都设立了同乡会。韩国虽然小，但是地域的差异还是存在的，同乡会为不同地方的人提供了家乡的氛围和安全感。

（四）在京教会组织

到了20世纪80年代中期，全韩国20%以上的人口都信仰基督教，而韩国的人均教会数量在世界上也是首屈一指的。

目前在北京地区，据笔者的不完全统计，在望京和五道口地区至少活跃着二十多家韩国人教会，小的家庭聚会更是不计其数。规模较大的教会为学生开设了“青年专场”，为成年人开设了“成年人专场”，并安排专门的培养计划和活动，如教会纪念大会、唱诗培训活动。另外，还有很多牧师或神职人员定期从韩国来京进行宣讲活动。此外，教会还组织丰富多彩的活动，如宗教节日（圣诞节、复活节等）表演会、外出春游秋游等。居住在一个地区的人只有去同一家教会，才彼此认为是熟人。在韩国，一个人即使搬家了，通常还是愿意去原来的那个教会。人们更忠诚于教会，而不是居住区，在北京也有类似的情况。在北京，在同一教会的人有着更为密切的内部往来。韩国人经常说的一句话就是“我们教会”，这句话可以看作是共同的宗教经验而形成的认同。①

（五）各类体育组织

韩国人是比较喜欢运动的族群，尤其偏爱足球、棒球、登山和高尔夫球。体育组织及其文化的发达成为韩国有别于其他跨境群体的一大特色。我的报道人尹先生说，每年7月左右在北京、青岛、大连等地都举行规模超过千人的跆拳道大赛，也邀请中国人参加。

此外还有因行业关系形成的各类组织，如公务员组织、公司

① Korean National Commission for UNESCO，2003，Korean Anthropology：Contemporary Korean Culture in Flux. Seoul：Hollym International Corp，p124.

职员组织等。不过这类组织并没有形成太大的规模，少则几人，多则几十人，因此在规模上无法与前面介绍的几类组织相比。

5.2　“韩人社会”的内部联动

现代社会的特征就是构成组织和运用组织。在韩国社会中特定的人们之间形成血缘、地缘、学缘、职缘等因缘，在持有特定因缘的人们之间产生与之有关的缘情，组织成各种共同体。在遇到个人难以解决的问题时，韩国人经常会求助于组织和团体。族内联系是常常把人们联系起来的一种社会力量，也是韩国人交往的主要社会空间之一。

韩国人在中国发展了诸多的组织，建立了民族聚居区和信息网络系统，形成了独特的“韩人社会”。“韩人社会”给来北京工作、学习和居住的韩国人提供了多层面的支持和跨文化适应的平台。“韩人社会”所提供的适应方式不是经过深思熟虑营造出来的，而是一种积累起来的适应性反应。

下面从社会性支持、工具性支持和情感性支持三个方面来考察在京“韩人社会”的内部联动情况。

5.2.1　社会性支持

社会性支持是指“韩人社会”为其成员提供适应汉人社会的支持。

社会性支持首先体现在帮助族内成员更好地适应汉人社会的生活。由于长达半个世纪的彼此隔绝，中韩两国有着各自独立的发展轨迹，形成了诸多方面的差异，如政治制度、宗教、文化、经济发展水平等差异，另外在人际交往模式上也存在着一些不同。同时，汉人社会与自身传统文化之间出现的文化断层问题表现得较为突出，韩国人受东方儒家思想的影响更为彻底，因而对汉人社会的传统和道德伦理尤为敏感，这些都给韩国人的文化社会适应带来了客观上的困难，也使得韩国人不能完全融入到汉人社会中。

面对这一问题，“韩人社会”正可以成为陌生环境中接待跨境新来者的工具，为韩国人提供了一座文化桥梁，让他们很快地过渡到另一种社会环境中。“韩人社会”还可以帮助人们建立一套一致的伦理道德，共同寻找对异文化的适应策略，以达到对异文化和对不同的社区生存方式的共同理解。组织和社区可以使本族人绕行或较为容易地克服在异质社会所面临的困难处境。这样的话，“（社区中的）后来者就不必独自去探索适应异文化的方式，可以从先到者那里获得很多有关适应异文化的手段。”①

在一家韩国人创办的网站上，点击开一个主题为《在中国留学应有的生活态度》的栏目，我看到了韩国人之间这样的对话和观点：

A：我们应该放弃偏见，开阔我们的眼界，所有的国家都有自己独立的价值、制度和文化。我们应该不要只看到树和树叶，应该看到森林。个别中国人的习惯可能你不适应，但是每个国家都有这样的人。你们的想法有些急躁、缺少谅解，也缺少深刻的思考。

B：应该从对方的观点出发，大部分的困难都是从误解中来的。看到别的文化后去体验一下，然后再想想自己的想法真的是那么理性的吗？如果你觉得现在的留学生活有点失望、混乱，应该问问自己：我的想法合理吗？有事的话，应该请求学校外事办

① 张继焦：《城市的适应——迁移者的就业与创业》，北京：商务印书馆，2004 年。

公室的人，别不好意思求助，要不然会很孤独的。

C：我们韩国留学生离开温暖的家，到别的国家来是一件难事，但也是一个锻炼独立性的好机会。你们应该好好计划，学会管理自己的时间。中国的教育制度要求学生保持独立性，自己去寻找有效果的学习方法。刚到的时候当然需要适应，一到这里觉得什么都陌生，比如食品的味道，这是很自然的，因为我们第一次看到这些事物。这也说明中国是一个丰富的国家，每个地方的饮食都有差异。

我跟学生姜太洙学习韩国语有一年的时间，其中的学习内容就有韩国报纸《北京周刊》，姜太洙每次去五道口吃饭时都会把一份《北京周刊》带回来给我，后来他也渐渐喜欢阅读《北京周刊》了：

要不是帮助老师学习韩国语，我可能不经常看《北京周刊》。现在我觉得这份报纸很好，每一期都有怎么适应中国和北京生活的内容，还有一些文化差异方面的介绍。我挺喜欢看这些内容的，可以帮助我了解中国人和中国文化。韩国使馆也为我们培训有关如何在中国生活、工作的注意事项，我觉得这种形式很好。

语言不适应是跨境群体必然会遇到的问题。由在京韩国留学生总会组织的北京韩国留学生说汉语演讲比赛，于语言交流中，为韩国留学生提供了文化适应的平台。2007 年 5 月的一天，我参加了一场规模不小的韩国留学生汉语演讲比赛，对这一点感受很深。

参加那天比赛的有来自首都十余所高校的韩国学生，参会的学生也近 300 人，并有媒体进行采访。那天选手们的汉语水平之高，大大超出了我的意料。

崔真秀演讲的题目是《未来在这里》：

我是 5 年前来北京的，当时奶奶反对我来中国，让我带一大包饼干，怕我饿肚子。来到中国之后才知道这里吸引着世界的目光，充满了活力和挑战。大家都来了解中国，热爱中国吧。我愿意在这里付出我的未来。

权正奎是12年前来中国的，他的演讲题目是《腾飞的巨龙》：

我来中国12年了，这12年里中国发生了翻天覆地的变化。未来的十几年还会按照这个速度发展的。中国是一条巨龙，正在腾飞。

李泫一的《魅力北京》带着散文的色彩，有一种怀古的味道：

在北京沉积千年的历史怀抱里，我感受到了旧时的馨香，好像在时间中穿梭旅行。

宋爱乔的演讲《大海啊，故乡》给我留下了很好的印象：

我来中国10年了，中国已经成为我的一部分。一些人由于没来过中国，所以对中国有误解。但是我愿带着真诚，架起中韩友好的桥梁。有人问我，你爱中国还是爱韩国，我告诉他：我爱韩国，也爱中国。让我们试着了解、理解并承认对方。

在北京几万名韩国留学生中，这些学生无疑是佼佼者。他们对学习汉语以及在中国生活有一种感悟，这对其他学生起到了一种良好的示范作用，为其他的学生传达出这样一种信息：中国是第二故乡，北京是值得经营未来的场所。透过这样的活动，语言适应和社会性适应的功能在发生作用。

在北京，韩国人开办了多家“汉语学院”。这些汉语教学机构除了进行语言教学之外，也无形中为韩国学生提供了社会性的支持。

我的学生吴应则学习很努力，他最大的希望是考上HSK（汉语水平考试的简称——作者注）10级：

我们在韩国已经非常习惯在学院这样的业余学校学习了，五道口有这么多韩国人开的学院，我们觉得很方便。这些学院能针对韩国人学汉语的情况来进行授课，提供的服务也挺好的。韩国的 HSK 专家定期从韩国来到北京讲课，我们可以在比较短的时间内学好汉语，应付 HSK 考试。学好汉语以后，可以更好地在中国生活、工作。

网络和社区的社会性支持还体现在支撑族内成员生活方式和文化背景的共同性中，逐渐为其成员创造出一个属于自己的社会，使其过上一种体现自身主体性的生活。依赖着组织和人际网络以及特定的跨国社区领域的建立，在京韩国人在试图将在汉人社会的异质性生活变得同质化，并与自己生活方式相同的人建立起关系，从而使自我改动的必要性减少到了一个相当低的程度。

韩国人在中国生活，名字也不需要改变，从外貌上有时也不能彼此分辨，同时韩国文化与汉文化的吻合在某种程度上也甚于日本和其他国家。即使如此，文化的深层中断带来的难以短时间弥合的差异仍需要组织和社区给予支持。族群聚居社区提供了一种可能，保证了其成员的文化尽可能少地改变，以应对主流社会的各种变化。

我刚来北京，汉语不好，跟中国人说话不太方便。但是我住在五道口，可以去韩国餐厅、看韩国电视，这里还有韩国人的医院。有烦恼的话，可以跟韩国朋友聊天，真是没什么不方便的。（徐元俊，留学生）

社会性支持同时也表现在韩国人组织通过一些举措和行动来提高组织内的人群在汉人社会中的地位和影响。社区和组织给来华韩国人提供了一个很好的平台，有力地将分散的个体有机地结合在一起，也成为其与主流社会更好地进行联系和互动的渠道。通过组织团体、社区，个人可以与汉人社会保持较为牢固的关系，也使韩国人群体在主流社会迅速地发展起来。

作者与韩国人就这一问题进行了访谈，我的一位常去教会的韩国学生李美姬是这样理解社会性支持功能的：

我们教会以前为中国社会做过几项慈善活动，有一件就是给受灾的中国人捐款和捐衣服。这件事以后，那些（中国）人对我们的印象挺好的。我还听说有一家韩国人机构专门帮助培训中国的残疾人，教他们恢复身体训练。虽然每次培训的人不多，只有十几个人，但是这也帮助我们在中国人中获得了好的评价。上个月我所在的韩国教会号召教友禁食一天，这一天教友们一共省下了 2 万多块钱饭费。我们把钱捐给了沈阳的贫困地区，当地的人很感谢我们。

张在炫是我在望京的英玉姐姐的朋友，在一次私人聚会中，他告诉我：

去年，我们韩国大使馆的大使亲自带领工作人员来到望京社区，与小区居民建立联系，培养感情。我觉得这样做很好，可以促进了小区居民与韩国居民的互动。我们小区的韩国人还主动举行中国人和韩国人的交流会，否则两个国家的人会各忙各的，彼此没有任何联系。

韩国人组织和社区可以在新的环境中为其成员创造性地构建一个新的自我，发掘其潜在的可能性。依赖组织、社区和共同体的社会性支持，韩国人迅速地适应并扎根在了汉人社区。

5.2.2 工具性支持

人际网络为其成员提供工具性支持（Marsden 1987）[①]。工具性支持是指组织和网络提供相关的信息，提供策略、方法和物质

---

① Mardsen, Peter V, 1987, Core Discussion Networks of Americans. American Socialogy Review 52: 122 - 131. 转引自 Korean National Commission for UNESCO , 2003, Korean Anthropology: Contemporary Korean Culture in Flux. Seoul: Hollym International Corp, p518.

上的帮助。在各类组织中，各种信息和资源的传递和利用都能通过组织机构得以进行，网络和团体在向成员提供支持方面能够达到很高的效率，并依赖组织内部管理人员的有序安排，顺利地开展各种活动。在这种情况下，韩国人的文化凝聚力显示出了强大的力量，组织制度和文化的娴熟运用在此发挥出了关键的作用。

我参加过几次在韩国人机构为留学生举办的就业信息交流互动，对这一点有着实际的感受。其中一次活动是由北京韩国留学生总会和“谢谢”公司主办的，活动还得到了韩国大使馆和在中国韩国商会的支持。有二三百多名来自北京各高校的韩国留学生参加了这次交流会，多家在京韩国公司也出席了交流会。会上，主持人首先用韩国语对中国的经济环境进行了介绍。他讲的内容大意是，中国已经成为世界经济的中心，如何抓住历史赋予的机遇成为当务之急。接下来的一位嘉宾主讲的题目是《韩中经济战略方案》。随后，一些企业公司也介绍了本公司对于人才的需求情况，整个交流会井然有序。

在这次会上，我认识了留学生尹载淳。他告诉我：

这已经是第四次就业信息交流会了，我们随后还有一期中国商贸实务研修生的培训。SK、POSCO、三星等多家韩国公司都会参加培训的。培训内容是用汉语讲的，涉及贸易、制造、物流、IT 业等行业。具体内容包括中国贸易实务、贸易英语、中韩翻译技巧、中国 IT 商务、营销技巧、财会实务等几大类。培训还包括怎么写简历，包括简历的目标、内容、从业优势、求职意项等。听主办的人说，接受培训的学生的就业率会达到 70%，所以我也想报名参加一下。

小尹递给我一张培训会的介绍，上面每门课都有很清晰的目标和详细的课程内容。

图 5 – 3　韩国留学生就业信息交流会

除了这样的交流活动，在组织的工具性支持功能中，校友会是一个很好的观察点。校友会为人们提供了充足而密切的人际关系资源。[①] 我认识的李贤智同学曾就读于首尔某著名的高中，现在北京某大学学习经济。他多次自豪地对我说，他的高中有多么好的社会声誉和评价，能进入这所高中是每个学生的梦想。这所高中在北京设了校友会，李贤智是这所学校第 54 届的学生，他很渴望通过校友会结识在北京工作的有实力和有地位的学长。他的校友中有一位某跨国公司的负责人，他一直希望有机会能与这位学长接触，并进入学长所在的公司：

我们高中是首尔有着很好传统的高中。目前的会长是第 20 届的学长，他做韩中贸易好多年了，做得非常成功。校友会里还

① Korean National Commission for UNESCO，2003，Korean Anthropology：Contemporary Korean Culture in Flux. Seoul：Hollym International Corp，p124.

有很多都是驻在员，比如LG公司的高层人员。每次开会的时候，这些重要人物先在上面介绍，随后我们这些学生也上去介绍自己。大家都留下信息，并相互交流。说实话，我很羡慕这些前辈们的成绩，他们也是我们后辈的榜样。我想尽量多地参加我们校友会的活动，多认识几个前辈，而且这些活动对我们学生也不收什么费用。在上一次活动中，我认识了一个20多届的前辈，他是一家跨国公司的高层，我希望自己能有机会去他们公司实习一段时间，然后考虑是否留在那个公司工作。

除了上述与就业有关的组织活动，在五道口、望京地区，有关租房、找中国朋友、寻求帮助的信息和小广告非常之多，还有各组织的活动通告。只要进入任何一家韩国人开办的学院、餐厅、酒吧，都可以随处见到这样的广告。除了有形的场所，虚拟的空间也可以提供工具性的支持。北京的一些高校的韩国留学生开办了网络平台，而开办于1999年的“北京留学生之家”网站在韩国学生中也是非常有名的虚拟空间。里面有“用汉语聊天”、“逛北京”、“二手市场”、“北京生活日记”、“学校教育”等栏目，非常的丰富和实用。我有时也会上去看看最近韩国人又有什么活动或信息了。

显然，组织的工具性支持对于韩国人来说有着更为实际和直接的意义。

5.2.3 情感性支持

情感性支持是指群体组织能为成员提供情感上的力量和族群认同上的紧密感。情感性支持是一种复杂的多维建构，人们借助组织的内部人际交流，可以获得心理和文化上的认同感和满足感。

由族群认同所支持的民族聚居区可以看作是网络和组织的一

种特殊的表现形式。依托聚居区，可以把自己归入某一地域人群集合体的心理状态。这种心理既有对自己社区身份的确认，也常带有个体的情感色彩。这种心理状态是一种自发的非外在力量左右的状态，表现为一种情感、情绪和心理倾向。

社会生活促使人们与那些能够提供友情、帮助和信息的社会成员组成相当规模的网络。许多以自我为中心的社交圈子属于社会上同质的、关系上紧密的、形式上交织的社交圈子。①

一些韩国人由于在中国停留短暂，因而一直不期望与汉人社会成员之间保持一种永久性的关系。也因为如此，这些韩国人才要在广度和深度上维系内部的族群关系。韩国人群体对祖国的亲近性和纽带的牢固性甚于其他跨境人群，这与组织的情感性支持有很大的关系。“他们的这种族群式人际结合必然紧密，彼此相互扶助的范围也会扩大。不过，这并不意味着其共同体已经整合得非常完美，而正相反，他们在其祖国会在地区、语言、政治及宗教上产生差异，但是在同移居国社会的关系上，这些差异则会消失在其自然的整合性之中。② 这从某种程度上，也增强了内部的联系和族群依附性，提高了组织的致密性。

下面是首尔 B 中学校友会的活动事项：

首尔 B 高中的校友会创立于 1994 年。每个月举行一次小型的校友会，一年举行 1—2 次大型的活动和校友见面会。2004 年到 2006 年，每年 6 月是野外活动大会，主要以体育比赛为主，10 月是全体成员的校友会聚会，12 月还举行年末的校友总会。10 月的校友总会，从上海、山东、香港各地来的校友也聚集在

① 李维：《社会心里学新发展》，上海：上海教育出版社，2006 年，第 531 页。

② E. 博纳希奇：《中介少数族群理论》，载《美国社会学评论》，1973 年第 38 期。转引自广田康生著《移民与城市》，马铭译，北京：商务印书馆，2005 年，第 85—86 页。

一起，家属也一同参加。年末的会议主要是在北京召开，商议下一年的行动计划，宣布人员变动等情况。

频繁的组织活动使得成员间的联系也大为增加，在参与团体活动的同时获得了精神上的交流和满足。

比起其他组织，对于教友来说，教会是在华韩国人相对来说最为稳定、最有组织性和凝聚力的一个组织。教会成为公共联系的中心，提供社会的、经济的以及心理上的帮助。每周的主日礼拜成为教友们沟通思想的一次聚会。在京韩国人的教会宗教的功能依然存在，不过由于是在国外，信徒对教会活动的参与也体现出较强的文化、情感上的认同。因此教会也可以看作是一个文化团体，其文化意义有时甚至大于宗教意义。

我去过不少家韩人教会，也参加了他们的一些活动。许章根同学是我认识的一所高校的韩国学生，他定期去教会做礼拜，也参加很多教会的活动。谈到教会的帮助，他多次提到了朴先生：

我们教会给每所大学的基督徒都安排了一个培训的老师。教会给我们学校派的是30多岁的朴经理，他每周三来我们学校培训我们。朴经理是北京地区一家世界品牌眼镜的独家代理，听说生意还不错。每次我们小组学习之后，他都请我们几个学生出去吃饭，每次大约要花300多块。他带我们这个小团队快一年了，我们之间的感情真的像兄弟一样。

韩国教会的“团契饭”很有特点，所谓“团契饭”就是信徒们礼拜后一起进餐。我在韩国安养地区参观过一家教会，那家教会为信徒们提供免费的饭食，饭菜非常干净、可口。望京的一家很大的H教会周日中午也提供免费的“团契饭”，用餐时间，整个餐厅内散发着食物的香气，人们喜气洋洋、热热闹闹。我去的那天的“团契饭”是韩国料理，大家排队领餐，秩序很好。人们一边享受免费的午餐一边交流，陌生朋友或者没有信仰的人也不会被拒绝用餐。

图 5－4 在京韩国教会青年活动

韩国教会一般根据教友的年龄，分成成人部和青年部两个部分。2005 年 11 月的一天，H 教会青年部有感恩节的表演会，我也去实地观看了那天的表演会。参加表演会的学校有人民大学、化工大学、北师大、首师大、中央民族大学、对外经贸大学等高校的韩国留学生，许章根也参加了这次活动。各所高校精心准备了节目，还制作了幻灯背景，效果相当不错。教会的组织者还给每位观众分发橘子和打糕。因为座位满了，很多人坐在地上，我因为去晚了，也坐在地上专注地观看演出。

化工大学的学生表演了天使来救人类，最后与人类一起得到了新生命。还有一所大学的学生自编的歌舞获得了一个有趣的单项奖——夸张奖。整个表演的气氛不失活泼，有时还很热烈，表演形式也丰富多样，观众时时发出笑声，这与我通常理解的教会是严肃庄重的场所有所不同，那天的活动除了宗教崇拜的成分，也颇有大家庭聚会的味道。

H 教会每年都有野外活动，如春游、秋游、运动会等团体活动。表演会那天，他们把上一次秋游的活动制成了短片在会堂上播放，片子很有韩国轻松、搞笑的风格，听说是一所大学的几个留学生做的。

图 5－5　在京韩国教会的“团契饭”

韩国人喜欢团体活动，而基督教恰好也十分强调聚会的重要性，这与韩国人的文化一拍即合。在北京，韩国人大大小小的教会和聚会点至少有几十家，庞大的教会系统内凝聚着成千上万名的韩国教友。宗教给人们在激烈的社会竞争中提供了一个稳固的落脚点，有时也相当于一个避难所。对于韩国教友来说，教会可以提供族群社交场所和一些文化事项，在教会内母语畅通无阻，宗教在目的地国社会中发挥了极其重要的作用，增进了族内成员的情感。

除了教会组织，在职学习汉语的公务员们的交流也很频繁。韩国每年都要派数十位公务员来京进修学习，这些公务员分布在北京语言大学、首都师范大学、中国人民大学、中央民族大学等高校。我所认识的申先生是这个组织的会长，在他任职期间，他们几乎每月都要有一次聚餐，有时候是申先生请客，更多的时候是 AA 制。聚会时，除了进行业务上的沟通，更多的仍是情感的交流。2006 年年末，他们还被邀请参加了韩国驻中国大使馆的联谊活动，受到了大使的接见。这样的聚会使得他们感觉自己在异乡与祖国取得了某种形式上的联系。

当然，几乎所有的在京韩国人组织也都有情感性支持的特征，提供同情、关心、保证和信任，提供情绪表达的机会，并帮助其成员顺利地建立伙伴关系。韩国人聚居区和各类组织为韩国人提供了共同一体和自豪的感受。

5.3 “韩人社会”的解读

上述在京韩国人的组织和民族聚居区共同组成了一个所谓间隙性的空间或飞地（Flying Space）。① 韩国人将具有韩国特色的组织、社会网络和人际关系移植到了汉人社会，并建立民族聚居区，形成了一个不可忽视的“韩人社会”。

韩人社会是一个逐渐构筑中的世界。韩人社会是在人们的各种实践中逐渐形成和完善的日常性的世界，因为具有流动性和人

① 有学者也把这样的组织和聚居区叫做“社会性世界”，主要是指一个某种交往可以畅通无阻于其间的社会，但它不单单是交往类型及象征形态本身，而是一个包括活动、资格、场所、技术和组织性类型在内的集合体。参见广田康生《移民与城市》，马铭译，北京：商务印书馆，2005 年。

员的变换性，因此也是一个在汉人社会中逐渐构建和创新的世界。对于韩国人来说，韩人社会成为与主流社会进行联系和互动的渠道。与汉人社会的互动过程，是各种结构构筑的过程，“也是一个在当今社会中多数移民跨越地理、文化和政治上的边界建立社会性领域的过程。”① 韩人社会的形成可视为是文化的一种重构，是韩国人积极适应汉人社会的十分重要的方式。他们来到陌生的环境中，积极地重构当地的经济、社会、文化等。“在谋求新生活的时候，也在创造新的文化和新的社会。”② 为本族群成员提供了对新生活的主体性选择。

此外，韩人社会具有相对的封闭性和独立性，以族内交往为主，较少与周围的居民保持一种永久的关系和稳固的联系，具有社会的自我维持和整合性，并因此产生了紧密的内部联系。不过也有向外扩大的趋势和弹性，下一章将会阐述到这一点。

韩人社会还具有相对的完整性和凝聚性。韩人社会作为一个发展得较为健全、完善的系统，是一个以交往为中介的合作空间，进而形成并支撑了恰恰产生于该空间的一种生活方式。韩人社会的形成有助于其成员建立起共同一致的伦理道德，共同寻找对异文化的适应策略，确认本族群共同的生活状态和文化价值，以达到对异文化和在不同的社区生存方式的共同理解。韩人社会可以满足在京韩国人休闲娱乐、信息传播、族群认同、传承文化、整合社会资源、维持族群的生存和发展等多种功能。依托韩人社会，来京韩国人的行为跨越了民族和文化与主流社会形成互动，实现了跨文化的影响。

---

① ［日］广田康生：《移民和城市》，马铭译，北京：商务印书馆，2005 年，中文序言 3 页。

② 见陆益龙《嵌入性适应模式—韩国华侨文化与生活方式的变迁》，北京：中国社会科学出版社，2006 年，第 14 页。

“韩人社会”在汉人社会的登场与韩国人族群意识的强韧程度及组织的致密程度有着很大的关系。强大的族群意识支撑着民族性网络，使得群体内的成员之中能保持清晰的族群认同，因而能维持群体的稳定性，同时也能促进其社会纽带的强化。组织的致密性使得韩人社会中的成员参与组织的程度和互动程度大为提高，从而也促进了内部的团结。

5.4 小　结

北京目前有韩国人大约十万人，来京韩国人主要分为留学生、政府官员、公司职员、家庭成员等几大类。在上述人员中，学习迁移和就业迁移的人占有很大的比例。

传统社会的地缘关系在现代社会有时可以转化为一种社区意识。北京地区比较集中的韩国人社区主要有五道口、望京两处，形成了北京韩国人大聚居和小分散的情况。五道口、望京这两个地区已被韩国人视为在北京生根、落脚、自我调试和自我更新的家园，新的关系在此结成。这两个社区也构成了在京韩人社会物质上和空间上的基础。

由网站、报纸和诸多的韩国人群体的杂志刊物以及可以覆盖京城每个角落的有线电视共同结成的较为完备的信息网络系统有力地支持了在京韩国人的生活、工作和群体内部的交流。

韩国人怀着浓厚的“缘分主义”情节，运用在本国形成的人际关系机制和缘分情节，在北京地区迅速地形成了各类丰富的组织。韩国人将具有韩国特色的组织、社会网络和人际关系移植到了汉人社会，并建立族群聚居区，形成了一个不可忽视的“韩人社会”。

韩人社会给来北京工作、学习和居住的韩国人提供了多层面的支持和跨文化适应的平台。本文从社会性支持、工具性支持和情感性支持三个方面来考察在京韩人社会的内部联动情况。

社会性支持是指韩国人组织为其成员提供适应汉人社会的支持，体现在可以成为陌生环境中接待跨境新来者的工具，并为其成员开辟出一个属于自己的社会，使他们自我改变的必要性大为减低。社会性支持还表现在韩国人组织通过一些举措和行动来提高组织内的人群在主流社会中的地位和影响。工具性支持是指韩人社会为成员提供相关的信息，提供策略、方法和物质上的帮助，这一功能对韩国人具有更加实用的价值和真实的意义。情感性支持是指群体组织能为成员提供情感上的力量和族群认同上的紧密感。韩国人在新的社会中自然会感受和经历诸多的不适应，有时甚至是冲突，这时人们可以借助组织的内部人际交流获得深层的认同感和满足感，从而使得本族群在异文化中仍然能够充满独特的活力。

下面是韩人社会三种功能的示意图：

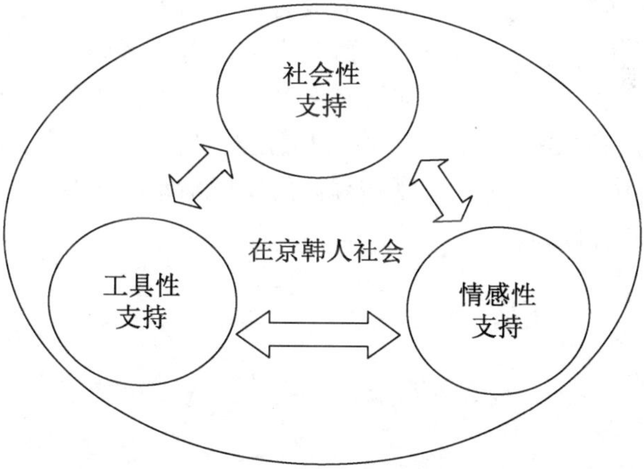

图 5－6　在京韩人社会内部联动示意图

韩人社会是一个逐渐构筑中的世界，处在不断完善和变动之中。此外，韩人社会具有相对封闭性和独立性，以族内交往为主，较少与周围的居民保持一种永久的关系和稳固的联系，不过也有向外扩大的趋势和弹性。韩人社会还具有相对完整性和凝聚性。依托韩人社会，来京韩国人的行为跨越了族群和文化的障碍与主流社会形成互动，实现了跨文化的影响。

“韩人社会”成为我国历史上颇具规模的境外移民团体，表现了韩国人在全球化时代拓展生存空间的愿望和理想。

“韩人社会”在汉人社会的登场与韩国人族群意识的强韧程度及组织的致密程度有着很大的关系。强大的族群意识支撑着族群网络，使得群体内的成员之中能保持清晰的族群认同，同时也能促进其社会纽带的强化。

因此可以认为，正是因为韩人组织致密和族群意识强韧，才推动了“韩人社会”的登场。韩人社会的登场成为韩国文化向汉人社会推进的一部分和基础，韩国人在京文化实践的展演及组织文化的推进都与韩人社会的形成有密切的关系。

韩人社会受制于语言的障碍和文化的差异等因素，有一定的封闭性，但是韩人社会并非没有声音，在京韩国人的各种文化实践表现为一种展演。下一节将具体阐述“韩人社会”是如何在汉人社会中进行展演，有哪些具体的实践活动，表现出了哪些文化特色和族群心理。

第六章　在京韩人文化实践的展演

“韩国人不管涌向哪里，都会把自己的固有的民族文化习惯带到那里”。①

6.1　各种文化实践的展演

韩国人的共同体意识强韧，组织之间的联系致密，这使得他们得以在汉人社会迅速地形成一种力量，并参与各种形式的实践活动，这些行为超越了对汉人社会的单纯适应，表现出了强大的族群意识和文化特征，韩国文化的辐射性与拓展性也鲜明起来。韩国人与汉人群体共存过程的各种实践方式的展演引起了笔者的关注。

6.1.1　他乡是主场

1988 年首尔奥运会的成功举办，成为韩国人的辉煌记忆，这一记忆不断地在韩国人的头脑中回放，成为他们挥之不去的美好回忆。首尔奥运会的口号是：“让世人知道我们（韩国人）是

① 要英：《“韩流”产业在中国的市场运作》，《韩国研究论丛》第 10 辑，北京：中国社会科学出版社，2003 年，第 290 页。

谁”。韩国人期望借助体育和综合的形象，塑造开放积极的形象，并展示给世人，因为“世界在注视着我们!”①

韩国人通过体育传达民族精神、表现强大的集体行动能力的一幕在北京同样上演着，利用体育推展本民族精神的特点在汉人社会得到了加强。

2007 年 10 月的一天，我应韩国朋友郑先生的邀请，观看一年一度的在京韩国人体育大会。在参观这场体育大会以前，我曾去北京语言大学观看过韩国留学生和日本留学生的足球比赛。那天比赛的场面很热烈，跟日本比赛，韩国人从来不马虎。场上在比赛，场下的较量也在进行。场外有很多韩国的女孩子在做啦啦队，最后的结果当然是韩国留学生队赢了。

体育大会的那天是一个周末，天气也很好，我怀着极大的兴趣去参观了体育大会。我们在望京社区乘坐韩国人开的专车来到了来广营体育场。刚一下车就看到了飘扬的彩旗，用韩语和英语写的“动感韩国“字样的巨幅广告也一下子映入眼帘。主持人激昂的声音通过高音喇叭，被传出很远。操场四周挂着跨国企业诸如 LG、三星公司、现代公司的大幅广告，这些公司对这类活动给予了大力的赞助和支持。看到这些巨幅广告，你会觉得这里也是韩国驻华企业强大实力的一次综合上演。

场地内外，志愿者、运动员、工作人员、家属、孩子，个个喜笑颜开，忙忙碌碌，整个场面非常的热闹。我到场的时候，正好看到两个孩子在台上唱歌助兴，随后组织者慷慨激昂地进行发言。人们在激情昂奋地欢呼雀跃，开放、自信、动感和激情，整个会场传出的就是这样的气氛。

排球比赛随后进行，几个队在场上练习，一招一式打得还不

---

① Korean National Commission for UNESCO , 2003, Korean Anthropology: Contemporary Korean Culture in Flux. Seoul: Hollym International Corp, p110 – 123.

错。观者不时发出赞叹与喝彩，场上的选手也更加富有兴致。羽毛球比赛和足球比赛同样引来了大家的注意。

图6－1　在京韩国人体育大会

运动会持续两天，偌大的来广营体育场到处可见穿着红色T恤的人们。我对这样装扮的人很熟悉，他们有一个特殊的名字叫“红魔拉拉队”。韩国2002年世界杯期间，在首尔我每天都能见到这样的人。

韩国朋友还告诉我，上一届体育大会，韩国驻中国大使馆的大使金先生也来参加祝贺。

整个的运动场几乎是韩国人表演的舞台。恰好这时我旁边来了一位中国人，我于是顺便问了问这位先生的观感。他说：

看到这里热闹的场面，就怀着很好奇的心情来一看究竟。到了这才发现原来是韩国人在举办运动会。韩国人为什么如此爱举办这样的活动？而且还是在别的国家？不管怎么说，我觉得这样的运动会对提高民族精神有好处。还有，韩国人怎么能一下子招聚得这么多？

在那天，我能看到在这些韩国人脸上所展现的是一种自信和对竞技运动的酷爱。看得出来，韩国人对运动的偏好和他们在运动场上的执着表现不是刻意的。在运动场上比赛的运动员和在观众席上的观众共同构筑了一个韩国人的“主场”。

除了全北京韩国人要参加的一年一度体育大会，每年还有一两次企业组织的运动会，不过规模会小一些。每年的“五一”劳动节前后，人们也在望京体育场举办“韩国家庭运动会”，平时韩国人之间的小型足球比赛、垒球比赛也经常举行。每年夏天，北京、上海、青岛、沈阳等城市的韩国人还要分别组队进行在华韩人足球友谊赛，规模也不小。

6.1.2 必胜 Korea!

我在韩国工作了一年，至今印象颇深的就是韩国世界杯赛期间那人山人海的场面。2006 年，我同样见证了几千韩国人的聚集，这一次是在北京的五道口。

那天，韩国队与西班牙比赛，我和我的韩国学生小金去了五道口的一家餐厅。那家韩国餐厅早早就坐满了穿着红色助威服的韩国人。看上去更像是参加一个家族大聚会。人们今天来的目的只有一个，就是为胜利而来。

对于韩国有名的红魔啦啦队的呐喊，我再熟悉不过了，不过在中国，在北京的五道口，我还是被韩国球迷自始至终整齐响亮、富有节奏感的呐喊声所震动。“必胜 Korea”、“大韩民国”，这几个口号被韩国球迷反复呐喊着，与大屏幕里转播的现场球迷相互应和，声势非常的浩大，让人感觉到韩国人的这股凝聚力是多么的坚不可摧。

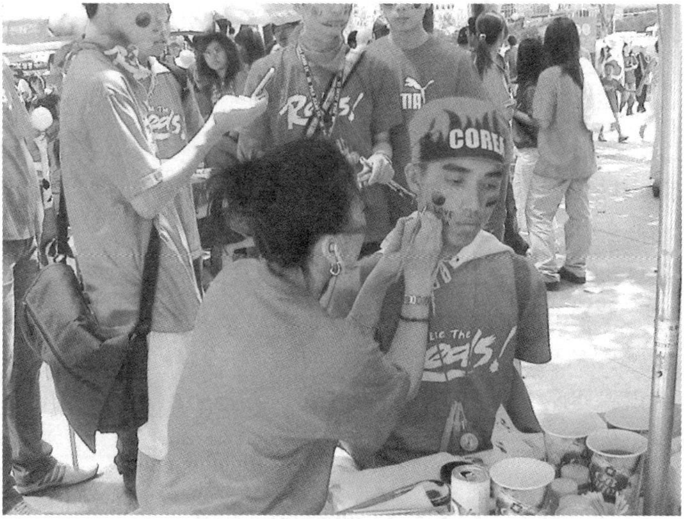

图 6－2　韩国红魔啦啦队

小金说，2002 年韩国世界杯的时候，他正要准备高考，没有时间和精力看球，现在能为韩国队助威，能在国外与韩国人一起看球，这让他同样很兴奋。

上半场韩国队踢得不太好，不过小金还是执着地说：“我们没问题。”果然，下半场开场后，韩国人比上半场跑动和奔抢更积极。而韩国球迷的助威声也更加高亢，更加热烈。韩国队每一次触球，每一次传递，每一次解围，都能引来在场球迷的欢呼和尖叫，他们在尽情享受着足球给他们带来的激情四溢的欢聚。

那天，韩国队战胜了对手。终场哨声一结束，人们就欢呼起来，电视上是韩国球迷一片红色的欢乐海洋，屏幕前的北京将这种红色沸腾延续着。我又一次听到了熟悉的、用韩国语喊出的“必胜 Korea!!”

小金激动地对我说：“怎么样，我们是最棒的。”旁边有一个人冲上来说："这就是韩国精神！我们有激情，为什么不能表达出来？"这时，五道口的韩国留学生纷纷从周边的各个餐厅、酒吧、乃至韩国人开设的学院中走出来，走到街上。边走边唱着"哦——必胜 Korea！"、"大——韩——民——国"，欢呼声传出很远。道路也开始堵塞，后来汽车完全过不去了，警察只好来疏散交通。韩国人一直欢庆到凌晨才散去。

餐厅的服务员王小姐对这种情况好象已经很习惯了，不过她还是说："韩国人哪来的这么大劲头，这是在中国。"她还说，每到有韩国队比赛的时候，这里都是人满为患。

人群渐渐远去。我离开的时候，耳边仍是"必胜 Korea"的呐喊声。

6.1.3 "大长今"来到中国

韩国的饮食应该说与朝鲜族的饮食是同源的，不过冷面、泡菜、芝麻叶、辣椒酱、明太鱼作为中国朝鲜族的饮食，并未引起过人们过多的关注。然而随着韩国文化在汉人社会影响的扩大，"韩国料理"一夜间受到人们的欢迎，冷面泡菜拌饭也成为时尚的代名词了。一种饮食不仅包括消费的食物种类，也包括食物准备形式、上菜顺序和食物组合等等。[①] 韩国电视剧《大长今》将韩国饮食文化的各个环节演绎得淋漓尽致，它的热播更使韩国的食品和料理红极一时。

随着韩国文化产业在中国的发展，北京的韩国餐厅遍地开花，这与韩国政府积极发掘韩国饮食与其他国家饮食差异的努力是分不开的。这一差异被放大开来，并在世界上打出了"泡菜

---

① 周大鸣：《族群与文化论》，载《广西民族学院学报》1997 年第 2 期，第 20 页。

文化”、“大长今”的文化品牌。可见，饮食的差别在某种程度上是被构建和界定出来的。饮食作为一个维持族群边界的文化符号被推展出来，意在表明其族群的独特性。

说到韩国饮食的推展，在北京我还参加过一次别开生面的韩国美食文化节，那次美食推广活动给我留下了深刻的印象。我是在五道口一家餐厅内贴着的一则韩国语的广告上看到韩国美食文化节的——我的很多信息都是从那里得来的，这也说明社区对成员的确具有工具性的价值和意义。

2007 年 10 月的一天，我来到北京大学“三角地”[①]。我到那里的时候，那儿早已聚集了很多人，三角地的周围也已经贴好了多张精美的韩国饮食的招贴画。那天推介的是美味的韩国拌饭。我看到在三角地内摆着一个直径约 2 米、高约 1 米的大木桶，木桶外侧画着韩国的风景图案。木桶上盖着一块大大的玻璃，玻璃上面粘满了蒸汽。透过玻璃，隐约可以看见木桶里整齐码放着的紫菜、香菇、黄瓜等配菜。

中午 12 点多一点儿，几名学生围着大木桶站成一圈，手拿半米长的木铲等待拌饭。4 名身穿韩国服装的主持人宣布活动开始。主持人一声令下，拿着木铲的几个人同时将木铲插入大桶中，开始用力搅拌。搅拌的过程中，工作人员还往碗中加入辣酱，诱人的香味儿从碗中慢慢飘出，台下等候用餐的学生们兴奋地低声交谈。

这桶拌饭由几十斤大米煮成，加入菠菜、香菇、蕨菜、牛肉等菜肴和调料，搅拌后香气扑鼻。人们排了 20 分钟的长队，终于领到了一份拌饭，闻起来味道很好，吃一口果然不错，跟在韩国吃的一样地道。一会儿，装着拌饭的大木桶就见了底儿。我粗

① 北京大学的一块空间，很多民间的活动都在这里举办，因为空地呈三角形，所以得名。

粗估算了一下，大约有100多位学生参与了这次活动。

听主办者——北京大学中韩交流协会的一位同学介绍，此次活动是他们协会组织的第四次韩国饮食文化节，也是规模最大的一次。这次文化节所用食物来自北京的5家韩国餐厅，共花费约5万元。

一位捧着拌饭的学生说：以前只是在电视上看到韩国饮食，觉得挺好看的，自己从未进过韩国餐厅，这次能亲口品尝韩国饮食，观赏到这样的一个活动，还是很有意思。

图6-3 韩国饮食推介节

6.1.4 与自然为友

韩国境内山很多，平原较少，登山文化就相对比较发达。没想到在中国，我竟也发现了这样的登山组织——大韩山岳会。我是在五道口做田野调查时偶然看到在华大韩山岳联盟登山活动的广告的。广告是用韩文写的，上面介绍本次活动的后援是韩国驻中国大使馆，广告上登出了周六登山活动的地点和时间以及注意事项等等。这次的活动的目的地是云蒙山，不过这次活动的主题不仅仅是登山，还增添了一项内容——环保支援活动。

周六的早上，我早早来到位于五道口的华清家园小区门口等车，然后和登山会的人一同前往云蒙山。车子到望京时，停了下来，接上那里的韩国人直奔云蒙山。

听同车的人介绍，这项活动是韩国登山组织策划了很长一段时间才进行的，来自沈阳、丹东、天津分会的几百人也一同来参加。到了云蒙山，各路人马先是汇集在一起，随后人们被分成了不同的小组。组织者给每位参与者都发了一套装备：写着登山协会字样的帽子、一副手套、一个塑料袋和一个夹。如此装扮上以后，看起来挺专业的。上山时每个人都要把见到的垃圾捡到塑料袋里。

我和韩国人捡垃圾时，旁边的中国人也在观看。我听见人们在奇怪地议论着，“这些人是哪儿的？好像是组织好的，是韩国人还是日本人？”一路捡着，不知不觉到了山顶。下山的时候，果然发现路上没有什么垃圾了。下山后，人们把捡到的垃圾集中到了一个地方，还真不少呢。

此时，我想起来以前在一家韩国公司工作的朋友说过，他们公司每个周六都要去香山拣垃圾。活动的性质与我们这次的类似，不过成员均是同一家公司的职员，活动是定期的，已经坚持好几年了。

那天云蒙山的登山虽然是以环保为主题，不过我还是很好奇地观察着周围的这些韩国人。他们只是普通的在京韩国人，并不都是年轻力壮的专业登山队员，不过差不多每个人都“装备”得很专业：地图、口罩、专业的防滑登山鞋、登山杯，什么都不少。队伍中的很多四十多岁的妇女看起来也很精干，后来我知道她们很多都是家庭主妇。还有些队员年纪已经超过了六十岁，不过仍然步履轻盈。登山会的组织者——几位四十多岁的男性，还带了专业的户外装备和攀岩绳索器械装备，在山顶的一个长达几十米的大陡坡上，这些绳索派上了用场。有几个男性组织者先登了上去，随后女人开始登。在坡度近40度的陡坡上，那些“阿祖玛”（韩语，意为大妈）拉着绳索熟练灵活地攀登。倒是我这个青年人显得有些笨手笨脚的。每个人上去后，都会得到大家的鼓励。

图6-4 参加韩国人环保登山活动

6.1.5 这里韩流涌动

韩国留学生是韩国流行文化的传播者。他们在现实的生活中成为中韩文化交流的使者，韩国的生活方式和流行文化也在他们身上展现着。

五道口地区有一个“大学路”，这条街不长，在人流喧闹的五道口地区也谈不上十分起眼。“大学路”这个名字与首尔的“大学路”同名，里面也模仿了韩国首尔的大学路。这条小街上有几家韩国的餐厅、理发馆、网吧、咖啡厅，常光顾这里的主要是韩国学生和青年人，也有周边院校和慕名而来的中国年轻人。我在首尔的时候就去过大学路，首尔的大学路一带集中体现了年轻人的流行文化。将五道口热闹繁华且能体现青年文化的一条小街起名为“大学路”，也有同样的用意吧。除了大学路，五道口地区还有不少与韩国同名的地名和餐厅。

图 6－5　五道口的大学路

在这些场所活动的韩国人主要是留学生，这些韩国留学生在中国的生活中不自觉地传播了韩国的文化和生活观念。他们注重消费、娱乐和生活质量，娱乐的消费是表达自身价值观念的基本元素。另外他们还比较注重健康的社会活动，喜欢结伴去打保龄球，在咖啡厅和酒吧聊天会友。

很多中国人也喜欢到这里来，大部分都是喜欢韩国生活方式的年轻人，还有一些是周边学校的中国学生，他们在这里最大限度地感受着韩国电视剧中营造的浪漫活跃的生活气息。这些年轻人喜欢将头发染成夸张的颜色，脑门上的刘海长长地垂下来，遮着半边脸。我在韩国时就发现，韩国年轻人特别喜欢戴帽子，所以这里的年轻人也大多戴着各式帽子。浅色的肥大短裤或快要擦地的直筒裤配上宽大的 T 恤，这些都是“哈韩一族”的典型装束。

若是走进音像店，无论大小，显眼的位置总会有一个韩国流行歌曲的专架。很多年轻人对 RAIN（韩国当红明星）、李俊基的喜爱近乎疯狂。煽情的韩国电视连续剧、张娜拉、张东健、裴勇俊等偶像明星、明星整容信息、时尚的韩国服饰都成为来这里的中国年轻人的话题。

韩餐厅也吸引了很多年轻人，这里成为体验地道韩国料理的空间。在我去过的众多家韩餐中，印象比较深的是五道口地铁西北角东源大厦的“舍廊房”，“舍廊”一词在韩语里就是“爱”的意思。跟五道口其他韩国餐馆一样，这里也是韩国人扎堆的地儿。这里的生鱼片很好吃，生章鱼也很鲜活。除了这些生的食物，这里的五花肉炒辣白菜、炒米条也相当不错。另外，这里送的南瓜汤也很有特色，服务员也永远是不厌其烦地为客人服务，态度温和而得体。

漫画房在韩国很普遍，五道口和望京有不少的漫画房。在东源大厦楼上，有一家餐厅内就设有漫画房，里面的漫画与韩国最流行的漫画房同步。我看到一些漫画，如《野人天下》、《星神夜光》什么的，名字很玄妙。漫画房里，韩国的 SBS 电视台正在播出一档典型的韩国式的搞笑节目。

图 6－6　望京音像店的韩剧专架

6.2　实践背后的文化制度

人类学最善于分析各类文化实践背后所隐藏的文化力量和制度的运用。透过这些文化的展演，很多文化制度值得分析和回味。

6.2.1　集体行动力的展现

韩国人在北京文化实践的展演大多是以集体行动的方式来表现的。无论是在北京的各类体育大会还是为世界杯的助威，都表现出强烈的集团行动主义的色彩。我在韩国工作的时候，观察到韩国人的集体行动的确比中国更加常见和频繁，在市政府前集会、静坐、示威等团体活动也并不少见。我就亲眼看到过一百多位市民在市政府前与警察对峙的场面，而电视上出现的上万人的游行也并不是什么新鲜事。在2007年的韩国海岸原油泄露事件中，韩国政府和民众的集体行动能力再一次赢得了世人的关注。如今，韩国人把集体行动的特色同样展现在了汉人社会面前。

那么支持韩国人如此热衷于集体行动的因素是什么呢？

本研究在“文化内聚力的形成和变迁”一章中谈到古代朝鲜村落社会使人们之间的联系十分紧密，在农耕社会形成的协同精神和能力在今天依然延续着，从共同体中产生的相互依赖感和依存性影响一直延续到现在，这对当今的韩国人在北京的集体行动意识具有很大的影响。群体带给韩国人一种归属感，群体内部的活动给人们增加了自尊和价值感。

而韩国光复后，在相当长的一段时间内实行国家集团主义教育，这使得民众对国家的认同感大为加强，人们对于号召和命令形成了积极回应的心理特质。受到国家强大控制力的影响，活动团体和组织常能把个人和群体情感转变为集体行为的力量。

我们的国家就像一个大家庭，国家说什么，我们就马上去做什么。时间长了，也就形成了迅速行动的特点了。（张相奎，留学生）

韩国特殊的地域因素也不能排除在外。韩国半岛地势狭长，空间上没有回旋的余地，任何的一点信息，都会迅速波及全国，因此也形成了韩国人行动迅速的特性。这一点我在与庆珠姐姐的访谈中也得到了印证：

我们韩国人已经形成了一个习惯，就是有事情的时候，会迅速地聚集在一起。我觉得韩国人的行动力可能与我们国家国土面积小有关系。国土面积小，信息就容易传遍全国，所以集体性的统一行动能力也就很强。

韩国特殊的历史是一个不可忽视的因素。不断受到入侵使韩国人形成了团结协作的族群性格，这是一种正向的积极的爆发力。然而不能否认，在某种程度上，韩国人的集体行动源于一种集体不安全感。

我们生活在半岛上，不知道什么时候就会有不好的事情发生，比如战争。我们必须学会快快地不断地适应变化和随时会来到的危险。（金美兰，留学生）

这种集体不安全感经过无数次战争的洗礼和千年的沉淀，已经在韩国人的精神中根深蒂固了，内化在了每个人的头脑中，而且在日常生活和社会行动中不自觉地以一种强大的方式表现了出来。特别是当韩国人的集体行动的意识升华到爱族与爱国的高度时，这种集体行动的力量更是惊人的。

至今韩国仍然实行的所有适龄男子服兵役的制度也强化了集体行动的意识。韩国的兵役制度在世界上也是独特的，这一点对于韩国社会的应变、协调能力的形成实在是不可小视。朴志浩是我认识的来华进修经济的公务员，他说：

无论你愿意不愿意，男人到了年龄都要去服兵役。我高中以后就去服了兵役。在军队中是不能懒惰的，要很注意听上面的命令。我们在军队中形成的集团行动的思想在今天社会中还能经常看到。

20世纪80年代，各类组织和社团大量地涌现，其中韩国人的市民运动尤为活跃。韩国人市民运动的活跃和社团的不断涌现在一定程度上极大地促进了个人对集体和社会的参与感。

韩人社会的形成更为韩国人提供了很好的联系平台，这一平台具有将群体内的成员迅速联系在一起的物质上和信息上的保障。所以，基于历史的、现实的各种原因，韩国人集体行动的能力已经成为民族性格和集体思维的一部分。而在汉人社会，韩人社会的集体行动力更成为其适应变动、发展族群的一种手段。

在同一时间、同一地点按照一定的规则行事，“集体节奏”把人们的活动置于共同的分类体系中，使他们的主观世界和客观世界整合。[①] 对于本群体的认同是“溶化在血液中，落实在行动上”，这就是所谓的“社会习性”。韩国人个体处于“自我不在”或“自我缺失”的境地，不过集体支撑着个人的渺小，通过人们的集合行动，能将自我意志放大出来。团体的行动将自我不在转换成自我强大，人们借助团体的力量，唤醒自身的价值感。集体行动使人们对周围的世界有一种聚集起来的控制能力，使人们确认并与周围的人建立起一种更为亲近的团结一体的感觉，从而增强了人类团结中的维系力。

因此，来源于村落社会的凝聚力、国家集团主义的教育及特殊的历史经验和地域特征都使得韩国人成为集体行动的狂热的支持者。韩国人通过在北京的文化实践将集体行动力展现在了汉人社会面前。当然，在汉人社会，诸多文化实践和集体行动能力的展演还有另外的一层含义，那就是族群意识和族群精神的彰显。

6.2.2　族群意识的彰显

在京韩国人文化实践活动的一个意义在于，借助实践中的文化要素和符号来构建族群边界，表达族群意识。文化要素是构建族群内涵的基本条件之一。人们参与构建文化，也就是建立族群界限、确定差异的过程。没有文化内容的族群认同只是单纯符号意义的族群划分。相反，没有族群认同的文化只能表现与本族群

① Foster, Robert J, 1991, Making National Cultures in the Global Ecumene. 转引自纳日碧力戈：《现代背景下的族群建构》，昆明：云南教育出版社，2000年，第34页。

体现实生活相脱节的单纯的族群划分。[①]

阿布纳科恩（A. Cohen，1974）曾说：通常的感觉是，一个群体的族群性是通过一年一度的聚会，一些成员表演一个舞蹈和一个仪式来表明他们自己。[②] 族群通过文化符号和文化事项对群体进行认同，这种符号是由群体成员共享的，并常常由局外人和局内人所认识。坚持自己的文化，举行群体节日的仪式和团体活动是文化保护和微妙的族群价值观的载体。

“一个族群的共同心理，在不同时间、不同场合，可以有深浅强弱的不同，为了要加强团结，一个族群总是设法巩固其共同心理。……强调一些有别于其他族群的风俗习惯、生活方式上的特点，赋予强烈的感情，把它升华为代表这个族群的标志。”[③]

族群是一个由其组成成员认定的范畴，族群不是单独存在，它通过特定文化特征和文化要素来限定我群的边界。文化因素，诸如有本族特色的食物、行为模式、共同的爱好等都可能被操纵用来建构共同体。而文化的构建是一个动态的、相互关照的过程。因此，群体的边界在这些文化要素的运用中得以不断被确定和认可并固定下来。在这一过程中，族群总是顽强地表现着自我，不会被异质文化所淹没。人们的族群意识并不是抽象的，而是来自生活中的实践并表现在他们的行为之中。[④] 跨境群体正是通过文化的构建来将本群体的精神展现并传递出来的，而“族

---

① J. Nagel，Constructing Ethnicity：Creating and Recreating Ethnic Identity and Culture，Social Problems，Vol. 41，Issue 1，February 1994，p152－176.

② 参见埃里克森《族群与民族主义：人类学透视》，王亚文译，兰州：敦煌文艺出版社，2002 年，第 39—41 页。

③ 费孝通：《费孝通民族研究文集》，北京：民族出版社，1988 年，第 174 页。

④ 马戎：《试论“族群”意识》，《西北民族研究》，2003 年第 3 期。

群的生命力也就在于跨越族群的交流与对话中。”①

韩国人在外貌特征上与中国人几乎没什么差异，在文化上经常被其他文化误读成中华文化的分支，因此他们巧妙地借助各类文化实践，通过文化传统的自然展示，有意识地将自身与汉人社会适时地区分开来。韩国在京的文化实践活动作为一种族群象征符号和文化要素，向汉人社会明确地表明了其自身特性的存在。

与此同时，文化要素和文化符号的运用往往是附着在具有仪式特征的实践活动之上的。无论是韩国人的体育大会，助威活动，或者是环保活动或饮食推介，这类文化实践活动都反映着团结、积极甚至有些狂热的情绪，众人在参与其中的过程中，获得一种力量感，因而具有仪式的作用，可以称做“类仪式”活动。

宗教人类学将视野拓展到宗教以外的日常生活的行为。亚历山大（Bobby Alexander）对仪式的理解较为宽泛：就最一般的和最基本的方面说，仪式是按计划进行的或即兴创作的一种展演，通过这种展演形成了一种转换，即将日常生活转变到另一种关联中。而在这种关联中，日常的东西被改变了。② 迪尔凯姆（又译成杜尔凯姆、杜尔干）将世界一分为二：“世俗的世界”——一个平时无精打采地生活在其中的世界以及“神圣的世界”——一个令人精神抖擞的、通过特别的集体活动和群体力量才能走进的世界。③ 而韩国人文化实践中集体沸腾的情感、强烈的力量和坚如磐石的自信，都与迪尔凯姆所说的宗教仪式有着些许的类

① 纳日碧力戈：《现代背景下的族群建构》，昆明：云南教育出版社，2000 年，第 284 页。

② Bobby Alexander，1997，Ritual and Current Studies of Ritual：Overview，In Stephen D. Glazier（ed.）：Anthropolgy of Religion：A Handbook，Westport，CT：Greenwood Press.

③ ［法］迪尔凯姆：《宗教生活的初级形式》，林宗锦等译，北京：中央民族大学出版社，1999 年。

似。仪式当中的人们会获得某种象征性的神圣感和超越自身现实的力量。仪式般的文化实践的展演给族群的观念披上强大的外衣，人们设计习俗和实践活动并通过这些习俗和实践活动将自身的价值观强烈地表达出来。

各类实践活动被用于加强族群内部关系和人员的互动。对于旅居外国的韩国人，仪式般的实践展演可以强化人们对于祖国的回忆，共同的情感和历史经历反过来加强了汉人社会中异乡人之间的紧密感，使人们获得一种压力和情绪的释放。文化实践活动还可以产生族内成员的价值感和自豪感，而价值感和荣誉感的产生可以给族群提高社会声誉和形象。参与实践活动中不仅满足了个人情感和声望上的需求，也在某种程度上强化了文化和社会秩序，还相应地提高了族群凝聚力。个体的族群荣誉感会汇集成群体的情绪和实践，而群体的情绪和实践反过来又会强化个体的族群意识和感情。

6.2.3　韩国生活方式和现代生活理念的传播

韩国人通过文化实践将其环保理念、登山文化和生活方式传播到了汉人社会中。

韩国进入现代化以后，环保作为一种生活方式，而不仅仅是一种生活理念，在广大韩国民众间得以普及。我在一本韩国的杂志上还看到了一篇题为《关心自然的人比花儿还美》的文章，大意就是鼓励人们热爱自然，关注环境问题，从中可以看出韩国人对环境的珍惜。

在我国民众环保理念尚处在脆弱和模糊的时候，韩国的垃圾分类早已经实施了多年。不仅购物袋需要购买，就连装垃圾的袋子也需要居民掏钱去买，政府将垃圾袋的收入用于环保事项之中。我在韩国工作时在居住的小区内，连剩饭都要放置在固定的垃圾箱内，不得随意排放到下水道中，清洁工收走垃圾的时候，要将袋子中的水分完全挤出去，否则会受到重罚。

2002年的一天，在去仁川机场公路的两边，我看到了一堆堆的小沙袋。韩国朋友说，遇到下雪天，司机可以将袋中的沙子撒在路面上，以起到防滑的作用。从前，这些袋子装的是化学融雪剂，撒在路上雪很快就化了，但给环境造成很大的负担，现在都改为环保材料的了。韩国人使用的筷子，不是国内那种一次性的木筷，而是刻着精美花纹的金属筷子，这种筷子虽然用起来感觉有一点凉，但可以反复使用，完全不会造成浪费。

韩国总统李明博在2002年任首尔市长的时候也积极推动环保的开展，并因此赢得了“绿色市长”的美誉。当选韩国总统后，他仍大力推行其绿色革命的环保理念。韩国人在中国展开的文化实践有如“绿色的韩流”，虽然此“韩流”非彼“韩流”，也并不强劲，但是仍然携带着韩国人的生活理念。

在访谈中，英玉姐姐的一番话使我认识到韩国人的环保理念与其民众的集体意识及对公共空间的认识有着不小的联系。

我们小的时候遇到下雪，邻居们都帮忙把我们家的门口扫干净，我们家也帮助邻居清理积雪。我们家的一条街永远都有人来扫雪。

可以看出，韩国人的环保意识具有深层次的文化心理根基，从本质上是源自于韩国人的“共同体意识”中的“共担精神”，并与我们国家的“各人自扫门前雪”形成了鲜明的对照。这也反衬出汉人社会对于广大的公共空间的“无知”和公共意识的淡薄，反映出我国民众公众意识欠缺的特征。

说到登山文化，韩国的登山文化不仅是因为韩国山多，还是韩国人与自然为友、珍惜自然的理念的一种传达。

“大韩”登山协会的主旨就是：要将登山文化在汉人社会中传播出去。我们传播的是另一种“韩流”，不仅仅是娱乐，还希望得到中国政府和人们的好评，给中国人留下积极、健康的印象，在民间的层面上为中韩两国的外交做出贡献。

韩国人强烈的“家园意识”也是促成其将情感投射到环境、自然中的重要因素。“身土不二”，常被用来说明其族群精神的张扬，但也可以理解为对于生养自己的土地的热爱。韩国国土面积不大，因此山川风物敝帚自珍，无比爱惜，韩国人将这一理念巧妙地融入到了登山文化当中。

而在五道口和望京社区营造的“韩国生活方式”将韩国的生活原汁原味地呈现在汉人社会，而韩流所传播出的积极的态度以及对明天充满希望的期盼令很多年轻人和追逐韩流的人体会并想象着韩国式的浪漫、温馨和现代。

6.3 小　结

文化意义的生成仰赖于在活动中、在流动中、在文化之间连接着的人们。[①] 文化不仅是一种形态，而且更重要的是具有强大生命力的社会实践，群体和个人的定义或者本质，便是在这样的社会实践中形成的。[②]

本章将田野调查中获得的关于在京韩国人的各类文化实践呈现出来，包括体育事项、助威行为、饮食推介、环保理念、登山文化和流行文化等等。本研究认为，在京韩国人的各类实践活动是其集体行动力、族群意识和生活理念、生活方式的综合展演。

古代朝鲜宗族和村落组织的特点就是其集体互助性，共同的

① 汤姆林森：《全球化与文化》，南京：南京大学出版社，2002 年，第 39 页。

② 纳日碧力戈：《现代背景下的族群建构》，昆明：云南教育出版社，2000 年，第 294 页。

农事和人事交流促进和加强了人们的协同精神，从共同体中衍生出的相互依赖感和依存性一直延续到现在，当今韩国人在北京的集体行动意识与之有着密切的关系。

20世纪五六十年代，韩国实行了国家集团主义教育，这一举措极大地培养和强化了民众对国家的认同感，形成了人民对于集体事件回应的心理特质。韩国特殊的地域因素和历史因素使韩国人形成了行动迅速、团结协作的性格。然而韩国人的集体行动也是源于一种集体不安全感。这种集体不安全感经过无数历史事件的沉淀，已经固化在了韩国人的精神世界中了，并不自觉地以一种强大的方式表现在了日常生活和社会行动中。

在京韩国人还通过具有文化要素和文化符号意义的实践活动来构建族群边界，表达族群意识。这些活动反映着团结、积极甚至是有些狂热的情绪，因而具有仪式的作用。

文化实践表现的是韩国人的社会价值和族群意识，维系并强化了韩人在汉人社会的影响和地位，同时是社会机构得以稳固和持久。在这个意义上，族群意识的彰显与族群边界意识的建立是人们在适应异质性社会的过程中的一种选择策略的延伸。在文化实践的展演中，族群认同实现着双向的传递。

高水平的族群认同预示着作为族群成员的自我安全感，而低水平的族群认同以对自己群体否定的评价和负面态度为特征，因而可能会引起一些心理问题和困扰。韩国人群体在实践仪式中提升了族群认同，这种强烈的族群依赖感支撑着他们在汉人社会中的群体安全感、在群体行动中所获得的满足感、社会性认知以及自我认同。

因此，本研究认为，在京韩国人的各类文化实践对具有强韧族群的联合意识，使得同一族群内部的人际功能得以强化，对外又具有强烈的族群彰显意识，也成为塑造族群意识的一种手段。在京韩国人的文化实践为韩国人提供了一个很好的舞台，也是与汉人社会进行接触和交流的一个绝好的机会，是文化推进中的一种表现，也因此在汉人社会引起了一定的反响。

韩国人通过文化实践还将其现代环保理念、登山文化和生活方式传播到了汉人社会中。

本研究认为，韩国人的环保理念与其民众的集体意识及对公共空间的认识有着不小的联系，这也在某种程度上反衬出汉人社会公共意识的淡薄。同时，韩国人所特有的“家园意识”也是促成其对环境认识与中国人不同的一个因素，他们并将这一理念巧妙地融入到了登山文化当中，并传达出人与自然为友、热爱自然、珍惜自然的理念。

韩国留学生的大量涌入，也将现代的韩国生活方式带到了汉人社会。在五道口和望京社区营造的“韩国生活方式”将韩国的生活呈现给了汉人社会，使得众多年轻人和追逐韩流的人体验到了韩国式的生活方式。

韩国人在京文化实践的展演将韩国文化直接推进至汉人社会，在“汉人社会的回应”一章，可以清晰地读出汉人社会对于这些实践的回应以及其中深层的社会文化心理因素。

第七章　组织文化的推进

当人们选择一家公司时，实际上是在选择一种生活方式。文化以强烈而微妙的方式影响着他们的反应。

公司是韩国组织中与中国本土文化接触最多的组织单位，也是韩国文化推进中最有代表性的组织。中韩两种文化的碰撞、交融在这里进行，中韩两国的文化深层差异在这里得以鲜明地显现。

近些年，在北京的韩国公司越来越多，其中既有三星、LG、现代这样的世界级的韩国知名企业，更多的还是中小型独资企业。这些公司中的职员既有韩国人，也有中国人。全球化为各国企业文化带来了很大的趋同性，然而韩国企业由于根植于同一民族的既定文化之上，还是具有很多有别于其他文化的行为倾向和组织文化特性。随着这些公司运营规模的扩大，具有韩国特色的公司文化理念在北京也有着越来越大的影响和推广的空间。全球化的过程本身就带有跨国公司以及它们自己国家的文化烙印。[①]

有关韩国公司文化的文章并不鲜见，但基本上是依据管理学和经济学的角度。本章从人类学的角度，抛开抽象的理念和经济学、管理学的辞藻，深入到公司组织之中来近距离观察公司组织

---

① 杨伯溆：《全球化：起源、发展和影响》，北京：人民出版社，2002 年，第 339 页。

内的人群。韩国公司原有的文化对公司组织产生的是一种合力，但是这些因素进入汉人社会后是否依然有效，韩国文化如何运用于公司组织中，与汉人社会相遇后有何种碰撞，这些问题成为本章所关心的话题。

7.1　作为文化的组织①

通过将组织理解为建构意义的地方，人类学的文化研究提供了很多解释的方法。人类学的研究者用三种理论模型来解释组织（Morgan：1986）：即组织作为一个理性的经济系统，组织作为一个有机的生命系统以及组织作为一个文化的系统。作为一个理性的经济系统，组织管理是实现其规划目标和获取最大价值利益的重要机制；作为一个有机的生命系统，组织有着其自身的生命周期，并重视与外部生长环境的适应和协调；作为一个文化系统，组织则具有自成一体的组织文化，而这样的组织文化正是实现组织管理和控制并联结其成员的根本机制。②

该项研究从人类学的观点出发，不再单纯地把公司看作是理性的经济系统，而是把公司组织看成是一个自成体系的文化系统。因此，公司的价值观、职员日常生活中的态度都被作为文化

① 人类学认为，文化既是统一的、连续性的，又是充满内在冲突和紧张关系的复合整体，人类学者在有关组织文化的研究中比较强调在组织整体文化理念下面的诸多次级文化的存在。不过，为服务于文章的主题（文化聚合与文化推进），本研究选取的重点是与汉文化构成对比、对照的角度，而公司组织动态的、与企业运作经营细节的次级文化层面则被略去，没有做过多的处理。

② Susan Wright，1994，“Culture” in anthropology and organizational studies，Edited by Susan Wright，Anthropology of Organizations，Rouledge，London and New York. 另见田宏亮：《控制与协同：一家高科技企业组织文化的民族志报告》，香港中文大学博士学位论文，2004 年。

事项而用来对组织文化进行考察。

那么“公司组织的文化”是什么呢？有学者认为，首先文化固然包括组织成员的共用的价值、信念等，但它并不是简单的组织所有物和外在的创造物，而是组织本身得以存在的系统性的符号标志；其次，组织文化是经由历史形成，并允许有着社会性的维系和个性化的解释。社会心理学家 Schein 把组织的文化定义为“组织成员共同分享的保留在较深层面的基本假设和信念，这些假设和信念经由组织成员群体面临外部环境和生存问题时而得以习成。”①

Kilman 认为企业文化是在工作群体中，借助规范、惯例、故事等明示的组织成员的共同意志。② Deal 和 Kenndy 认为，根深蒂固的传统和广泛的信念支配着现代组织，这种传统和信念是由企业环境、价值观、英雄、习俗和仪式、文化网络所组成的。③

文化造成了组织惯性，组织之所以能够实现控制而连接成一个统一的整体，其原因不在于组织的目标和政策，而是源于组织里共用的价值和文化，在于“那些在经济企业组织里被某些施加权威的人所宣扬和提倡的观念”。组织文化也可以被描述成组织里的成员彼此之间是如何通过社会化的交往过程而建立起组织内部的认同和意义，而从公司组织里的诸多象征性的建构就可以透视出组织里的文化面貌。④

---

① 参见田宏亮：《控制与协同：一家高科技企业组织文化的民族志报告》，香港中文大学博士学位论文，2004 年。

② Kilman. P. H. , 1982, Getting Control of the Corporate Culture, Managing, p11.

③ T. E. Deal&A. A. Kennedy, 2000, Corporate Culture, Masachusetts Cambridge: Perseus Publishing, p13 – 15.

④ 参见田宏亮：《控制与协同：一家高科技企业组织文化的民族志报告》，香港中文大学博士学位论文，2004 年。

因此，对组织文化的解释不能停留在组织的外在的创造物上，组织文化与传统有着很大的关联，但也不单纯是文化的传统，还要在行为者的具体日常实践中，在公司组织成员的交往中解读它的意义内涵。文化既可表现为影响组织成员心理和感情认同的共用规则，也体现在这些认同得以形成和表达的制度上。这些规则和制度都有助于将不同的人们整合在同一个组织内。

文化是不会把事情放在不重要的位置上的，所以这些看似无益的行为背后都有一个合理的逻辑在支撑着。进入汉人社会后，韩国公司组织的文化与汉人社会形成或多或少的冲突。目标的不一致消解了文化的合力，在强调和谐的共同体企业文化氛围的外表下，一些不尽和谐的元素也有所显现。

本章选取的这些文化是与汉人社会组织形成冲突和碰撞的价值观，也最能体现两种文化深层的差异。本研究认为，对韩国公司组织管理实践的文化建构及对中韩公司组织差异的观察，有助于理解韩国公司组织文化在向汉人社会推进中遇到的冲突和反弹。

7.2　打造公司共同体

7.2.1　作为国家意志组成部分的公司组织

韩国公司组织作为共同体，是在国家的强大影响下成立的，因此韩国公司组织首先是国家共同体的一部分。现代韩国企业的发展动力来自20世纪60年代朴正熙政府所倡导的“经济爱国主义”。经济爱国主义是韩国公司历史发展进程中颇有特色的文化特征，即发展经济的根本目的是为了国家和民族强大，而不仅仅是个人的发财致富。“只有国家变得强大、自由和民主，经济上实力雄厚，才能增强国家的威望和外交地位”、“即使在经济活动中有完全的自由，我们也必须时时强烈地意识到我们人民的共同命运，不断地提高和履行经济爱国主义”。爱国经济主义是靠意志的力量，靠理想的激情来挖掘全民梦想的。檀君神话中的“弘益人间”思想就被用来指导人们的思想，使得公司组织的思想能够高度统一和集中。从这里也可以看出，社会文化的要素是可以被用来操作的，它是一个不断被选择、被组合取舍并重新阐释的过程。

在经济爱国主义的感召下，韩国的企业常把自己看作是国家经济创造的承担者。“在企业内部，只要谈到公司的未来，没有人不会想到自己的成长对韩国未来的影响的。在明确了国家的目标后，韩国人就能集合全部力量去完成。”[①] 韩国公司组织的文化与国家象征、国家认同保持一致，并作为其中的一部分存在。国家的发展成为公司发展的共同价值，国家意志成为企业的动力和源泉，并作为一种精神和象征资源在起着重要的作用。员工被这个共同的价值调动起来、召聚在一起。通过经济爱国主义，政府号召国民把“爱国精神”转化为对企业的“敬业精神”。

经济爱国主义成为韩国公司组织发展的基础和动力，也是其共同体意识塑造的组成部分和构建的基础。在我所调查的几家大型韩国公司中，服务国家和社会的思想较为普遍。K 公司是一家韩国在京跨国公司，其经营理念和使命是：为人类社会作出贡献，服务社会、服务国家是公司的指导思想，个人为此奉献是理所当然的。实现人类的共同利益，提高人类的工作、生活质量是 K 公司义不容辞的历史责任。作为人类共同体的一员，K 公司将为此奉献全部的力量。大宇集团也曾声称：大宇现在已经不属于

① 王茹、赵文艳：《一鸣惊人韩国人》，新竹：花神出版社，2004 年，第 193 页。

哪个特定的人或几个人的企业，而是全体国民的企业。如此的宣称，也把企业提到了国家的高度。

因此，韩国政府认为全体国民的统一意志不可能自发形成，只有靠国家意志去动员才能形成国民的定向合力。而由国家发起的强大的定向合力对公司共同体基础的形成也有很大的益处，这种思想使成员从狭隘的自我意识中摆脱出来，进而把目标定在了更高一层的目标之上。

当然，并不是所有的公司都把爱国经济主义作为公司的最高目标，特别是一些中小公司，而且强调爱国经济主义的阶段也已似乎成为过去。但是直到今天，这一思想仍或多或少地对韩国的企业施加着某种影响，强化着企业的共同体意识。

7.2.2　公司即“家”

对于相当一部分韩国公司职员来说，公司不仅是一个谋生的场所，而且构成了生活目的的本身，所以公司组织是一个实实在在的生活、工作的集团。

20 世纪 70 年代，随着韩国经济的发展，职场成为占据人们主要精力的一个空间。公司作为一个共同体，具有家的凝聚力，因此，韩国人赋予公司和工作的地方以很高的位置和价值。对于一个韩国职员，特别是男性职员来说，人生的意义被极大地牵涉到了自身所在的组织中，人们对于组织和团体的性质看得比笔者重要。

公司中的人们是依职缘而建立的关系，对韩国人来说，人们工作的公司成为很多上班族大部分日常生活中的一个主要的空间。在韩国，公司文化给社会的基础带来了一定的改变。“当今生活中的文化因素与传统的因素不同。公司文化出现以前，住在同村的人们承担各种义务，就像为自家承担义务一样。国家出现以后，是国家共同体而不再是村落，把人们从家庭和家族中拉出来。现在，公司共同体成为国家和个人之间的纽带和联结，承担了这样的角色。一个韩国职员的社会地位、形象常取决于一个人所在的团体上。一个人成功与否的评价标准主要看其工作的单位，员工的荣誉也都系在公司之上。①

韩国“以公司为家”的企业文化随之成为一种认同被广泛接受，这种认同超过其他一切的认同。共同的命运把公司的成员联系在一起，人们也因此很自然地把个体的价值注入了到企业中。

在公司成员对企业投射极大关注的同时，公司也致力于把员工的思想统一起来，建立一支像孝敬父母那样忠于公司的员工队伍，成员与领导的关系好像父母与子女的关系。公司也相应地为员工提供福利、保险、保障、教育等等，从而形成了以家为模式的经营方式。因此在韩国，无论是企业还是成员，都把公司看成是一个精神家园，从而使得公司组织内部联合紧密，这对于成员也具有很大的吸引力。韩国公司组织在整体性原则和集团主义思想的指导下，凝聚力成为被企业重点考虑的要素，被用来打造员工的精神家园。

关于公司是国家的经济创造的承担者以及成员对公司具有家的归属感这一点，汉人社会显然有不同的理解。相当多的中国职员将公司组织或单位视作获得经济利益的手段，情感的投入和认同与韩国人有着不小的差别，因而也形成了在公司日常实践中与韩国人的碰撞及不和谐的因素。

---

① Korean National Commission for UNESCO，2003，Korean Anthropology：Contemporary Korean Culture in Flux. Seoul：Hollym International Corp，p125.

7.2.3　提高公司共同体意识的文化手段

韩国在北京的跨国公司十分善于通过对社会、文化传统的重新整合和解释，通过强化的价值观和实践来建构统一的组织文化观，并把它灌输到所有组织成员的观念意识中。共同体意识通过一系列的学习、培训等实践，在组织成员中推展开来，从而最终使公司成员去达到自觉认同的程度。文化在这里被作为凝聚员工的“粘合剂”而运用。

入社培训

所谓入社培训就是新员工进入一家公司后，接受全面系统的培训。培训既包括业务、技能上的，同时更不可缺少的是对公司的绝对认同。

我在韩国所任职的 K 公司的企业文化中就有着浓重的韩国式集体主义精神，也包含着许多“人本主义”的文化。K 公司追求员工的团结一致，公司理念手册中用相当多的篇幅阐述企业作为一个整体的理念。在 K 公司的培训中心，员工首先接受的是爱公司的教育，以培养员工为公司忠诚服务的思想，树立“我就是公司，公司就是我”的信念。

在韩国时，我非常有幸参加了一次 K 公司新成员的入社晚会。说是晚会，其实也是新员工培训的汇报大会，那次晚会至今仍给我留下了极深的印象。会议在一片小山坡上举行，参加晚会的人至少有一万人。这些新入社的员工们不断地喊着口号，大概是爱公司、团结一心之类的，来振奋精神并表达对入会公司的忠诚，喊声在山间回荡，声势和规模很浩大，各个分公司也通过一些节目进行比拼。我在国内的企业中很少见到如此之大规模的培训汇报会，那场汇报晚会可以用震撼来形容。

小刘是一位在大型韩国公司 C 公司工作的中国员工。他是这样介绍他们的入社培训的：

入社培训对韩资企业来说较为常见。那天，天刚一亮，我们就随着100多位刚入社的新同事来到了京郊的一个山庄接受为期两周的同心培训。这次培训每天早上五点半就起床，六点开始晨练，早饭后就是一整天培训的时间。如此密集、高强度的培训，很难想象之后的十几天怎么才能熬过去。

我每天都能感受到团队的氛围。下午我们被分成了几个组，每组准备自己团队的展示，设计队徽、队歌和团队口号。开始时大家想的都很周到，但思想就是统一不起来。还好，磨合的过程并不很长，最后我们小组取得了一个很好的成绩。十几天的“魔鬼”培训期实在是太长了，像军队一样的管理，陌生的同事，严厉的教官，让我对这种形式的培训很难适应。我想，只有韩国企业才会有这种做法，欧美、日韩企业之间最大的不同是自由度的不同，这种差异会影响每个有过相似经历职工的工作方法和心态。不知这种差别的始作俑者仅仅是企业的文化差异还是两国文化性格的差异。

第二天我们进行多米诺骨牌的搭建游戏。每组一片，然后将几个小组的牌连起来，看看大家的协作能力。通过这个活动，我们组队友之间的关系一下子就变得默契了，我也发现了自己所在的那个小组的特长。

接下来的几天，我们开始接受公司的企业文化、核心价值、经营理念的培训。主讲人是本社的一个代理。

韩国在京驻在员李相镐对此解释说：

在中国的韩国公司的培训有时比我们在韩国的时候还容易些。我们在韩国接受入社培训的时候还要蹲着擦卫生间。有时要野外行军十几公里，到后来连腰都直不起来。团体活动如果不整齐，还要重来一两遍，直到整齐为止。

2006年夏天，我在一家韩国公司调查和培训时发现，那里要求每个准教师都要整齐划一，手势、停顿的语气也绝不能有丝毫差错。小伟是和我在那时一起培训的人，他刚毕业不久。他说：

公司的培训很枯燥，单调重复的技能培训一直持续了一两个月。我到现在也不十分明白这些培训有什么含义。

其实在看似无聊和没有创意的强化培训的背后，也能看出组织管理者的用意：公司希望所有的人都能统一思想，并认同作为公司一员的身份。公司是在有意无意间将成员的个性削减并打磨掉，最终自觉认同于公司的组织，这也是这些公司培训的一个目的之所在。

在京韩国公司组织还用一些故事来激励成员认同于一个共同体：

在非洲的草原上，如果见到羚羊在奔跑，那一定是狮子来了；如果见到狮子在躲避，那就是象群发怒了；如果见到成百上千的狮子和大象集体逃命的壮观景象，那是什么来了？——蚂蚁军团。

下面这个故事是北京某大型韩国公司《打造团队精神》的培训材料中使用的一个故事：

每只雁鼓动双翼时，对尾随的同伴都具有“鼓舞”的作用。雁群一字排成V字型时，比孤雁单飞增加了71%的飞行距离。当带头的雁疲倦了，它会退回队伍，由另一只取代它的位置。队伍中后面的大雁会以叫声鼓励前面的伙伴继续前进。当有雁只生病或受伤时，其他两只雁会飞过来协助并保护它。这两只雁会一直伴随在它的旁边，直到它康复或死亡为止。然后它们自己组成队伍再继续飞行，或者去追赶原来的雁群。

无论是蚂蚁军团还是雁群，这样的寓言故事对很多成年人来说，未免有些天真。但是公司组织者在执着而真诚地将这些理念赋予在其成员身上，期待着能产生预期的效果，将分散的意念凝结为如蚂蚁军团般坚定强大的团队。

会歌和早操

我在韩国K公司工作的时候，就在公司员工培训结业式中听到过好几次大家用韩国语演唱的公司会歌，当时的感觉是很有气势，也鼓舞人心。每次唱会歌时，职员们都穿着正装，把手放在胸前，庄严又自豪。没想到在国内，K公司也是每天早上7点50播放会歌，以迎接新的一天的开始。会歌中有几句歌词是这样的：

我们团结如一人
拥有无限爱
人类幸福宏伟蓝图
铭记在心怀
我们是个大家庭
……

我的韩国朋友说，韩国语的歌词豪迈中带着刚毅，听起来更富有激情，也更振奋人心。在北京K公司的足球比赛之前，我也看到了员工演唱这首歌的情景。

"早操并不是每天工作之初必须进行的活动。"我的一位报道人说，"不过在野外入社培训时，每天都要进行，人们从早操开始进入新的一天。早上6点，外面静悄悄的，全体培训人员一起做早操，也挺壮观的，这场面我只在电影上见到过。"

体育活动与拓展训练

韩国企业很善于利用体育活动和野外拓展训练的方式来提升团队意识。

关于韩国职员对公司共同体意识的塑造这个问题，我在韩国水原参观K公司水原厂区时所观察的情况和在北京韩国公司工作过的中国职员汪伟得出的印象差不多：

我觉得韩国公司都有点象军事化组织，要求雇员剪短头发，穿灰色制服，上衣的口袋上写着姓名，公司内还使用许多军事术语式口号，企业家把员工的思想统一起来，使他们能忍受恶劣的条件。我们还在郊区进行过一次拓展训练，很多项目我以前从来都没试过，挺紧张的，不过大家的关系在团体活动中也密切了不少。

当然，上述的活动并不是所有的韩国公司都会进行的，只有几家大型公司才有实力和远见进行这样的培训，更多的中小企业并不是通过这样的方式来打造团队精神的。

强烈的文化是引导行为的有力的杠杆。这些培训活动有力地提供了体现公司主张和目标的榜样，向员工们表明了公司所期待的价值和行为模式。

7.3　权威主义，凝聚力的提高还是削减?

公司组织的凝聚力之实现既是通过一些现代性的管理机制，同时也要借助和利用某些传统的力量与策略。有学者在研究中发现，儒家思想文化的影响是形成韩国员工服从于组织管理的重要因素。[①] 而根植于儒家思想中的权威主义也被认作是韩国公司具有凝聚力、企业高度整合的一个文化要素，成为影响组织成员心理和感情认同的共用规则。很多韩国公司管理的过程实为一种传统之重新建构与追求现代性的有机结合。因此权威主义被视作深植于传统的一种韩国式的管理方式。

① Kim, Choong Soon, 1992, The Culture of Korean Industry: An Ethnography of Poongsan Coorporation. Tuscon: University of Arizona Press.

韩国公司组织是集权式“尖塔型”的决策层，以及自上而下的组织运营方式。从权力顶峰自上而下地统领下层，是横向非明示性的组织机制。至今，相当多的韩国公司政策的制定者都偏好一些权威式的管理风格，这些规范的背后本质是一种控制与约束。就K公司而言，组织文化的核心价值观的树立与创造本身并不是一个多元参与查的结果，而是某些高层操作和控制下的产物。

下面是一般韩国公司组织关系的示意图：①

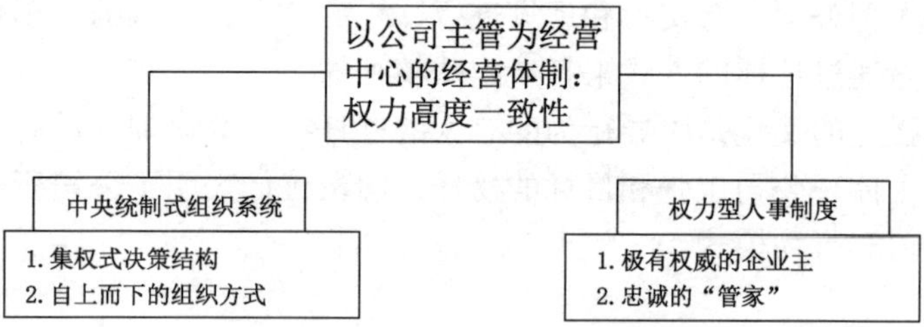

图7－1 韩国公司组织关系示意图

在公司日常实践中，权威主义首先作为一种机制而存在。通过一系列的制度的安排、设计体来实现其管理任务，比如学历制度、年功制度，另外，包括办公室的安排、出差方式等等也都严格体现着权威主义的影响。同时，权威主义更作为一种意识形态而普遍地存在于韩国公司组织中，即公司高一等级的人员通过建构特定的组织文化来传递某些工作态度，从而使得其成员认可并接受。

我认识的郑先生是K公司在北京的驻在员，也是次长（大致相当于处长），毕业于韩国的延世大学。他20年前服过兵役，兵种是空军，服役的时间是40个月。谈到等级意识和权威主义

① 选自［韩］慎侑根：《韩国的经营》，博英社，1993年，第104页。

时，他说：

在韩国的学校里，早一年入学就是前辈。我在军队服役过40个月，对前辈后辈文化感触很深，这种文化在军队里体现的最为明显。在军队里早一天来，也是前辈。我发现，在中国，跟自己差3—4岁的人交往都没有这样的差距感。有时候比我小很多的人也拍着我的肩膀叫我“朋友”，我很不习惯。不过现在公司里的中国职员已经把我当成他们的上司了。

权威主义同时也可作为一种话语和实践，在日常工作和生活场景中得以传递——点头、鞠躬、敬语的规定性使用、称呼的一丝不苟都是一种手段和运用。这些行为表明成员对公司的绝对忠诚受到肯定，服从受到褒扬。在韩国公司里，上级做出指示后，下级的责任是理解并执行这些指令，下级服从上级被认为是天经地义的事情。对权威的挑战是需要勇气的，打破一致的期待也是需要勇气的，因为这都存在被谴责的风险。

权威主义在英玉姐姐眼中也被视为是对上级的敬重：

我们像尊重长辈一样对待上司，他们的态度有时候是不好，但是我们对待长辈不是需要尊重和容忍吗？所以对待上司也应该是这样的。

虽然我和英玉姐姐年纪差不太多，很多兴趣爱好也相同，然而我仍然感觉到来自不同文化的我们在这一点上还是存在着理解上的不同。这也反映了传统对于韩国人的深刻影响以及韩国人族性中十分感性的一面。然而进入中国社会的权威主义仍然是提升凝聚力的制胜法宝吗？

赵迪是我认识的韩国驻在员尹先生的下级和同事，他不习惯于被要求做一些细微的工作：

我是名牌大学毕业的，不愿意做比较低的工作，我的韩国上司（指尹先生）经常要求我上网查资料什么的，我觉得这是秘书该干的，因此就不那么积极地做。韩国上司因此还跟我谈了两次。我们私下关系不错，但是我还是不习惯被安排做这么低的工作。

这种情况被他的韩国上司金先生理解为没有服从感和等级意识，虽然尹先生对于他的工作能力很满意。

与韩国上司打交道时，如果要超越已存在的权威渠道，类似直接冲进上司办公室或越级的行为简直不能被接受，麻烦也就此会出现。何先生是我在韩国工作时的中国同事，比我早一点到韩国，他对我讲述了这样的经历：

有一次，我和另外几个中国员工与韩国课长发生了矛盾，我们气愤得让韩国秘书小姐替我们约部长（相当于总经理）谈话，因为次长出差了。可是秘书始终没有约，还假装什么都没发生过。后来我们找到部长的办公室，直接跟部长谈话。我们发现部长很不高兴，不但不出面解决，甚至连安慰的话都没有。后来我才知道，在韩国如果跟课长发生矛盾，无论如何不能随便越过次长来找部长，朴小姐当然知道这一点，她很为难又不便说，所以就推推脱脱，始终没有替我们约部长。

如果仅止于日常礼节和工作环节，权威主义并不成为一个障碍，但是某些时候权威主义会成为影响工作效率的一个因素。

周劲松三年前在欧洲的一个国家学过 MBA，回国后在一家中小型韩企任中层主管，他说：

我和我的韩国老板在沟通上有障碍。他习惯于用命令的口吻说话。有时他的工作安排不十分清楚，我也不好意思让他再说一遍，可不问又不行，结果大家总有一点不愉快。

有一次，韩国老板回韩国出差了，老板的儿子、另外一位员工和我三个人跟客户谈了三个小时，商量一件事的解决方案，最后终于想出了一个好的办法。我们把电话打到韩国去请示老板，没想到却被老板骂了一顿。我知道我们的方案不是最佳的，但那是当时解决问题的唯一办法，可是老板不理解我们，而且处理方式也太简单了。他不授权，不授权怎么工作？

周劲松说到这儿的时候，显得既激动又无奈。权威主义这时表现为无秩序主义。

韩国公司组织内存在着明显的“权力距离”，权力距离就是承认人和人之间存在地位、职务和权威上的不平等。在韩国的公司组织中，特别是中小公司组织中，上司具有毋庸置疑的权力，那些更加民主、平等和富有参与意识的管理方法的提议，“除了造成组织内部的分裂、混乱和不满情绪外，没有任何效应。”①

等级观念严格和权限的不下放，令一些中国员工不太适应，在某种程度上也使中国员工感到束手束脚，公司凝聚力的打造在等级制度权威主义面前遇到了一定的障碍。这也使得公司中国员工感觉上下之间的沟通渠道并不是很畅通，高层对公司底层的资讯掌握难以充足，而普通员工也难有跨层交流和展示的机会。如此，循规蹈矩和畏手畏脚就容易成为他们的职场态度，有时是抵制，有时是妥协。

权威主义推行的是对企业的绝对认同，高度的投入，这与韩国文化家族主义中心思想以及“公司即家”的观念是密不可分的。而汉人社会在这一点上有着很大的不同，汉人社会中个体的意识得到了相对更多的呈现，自我价值的实现在某些方面似乎超越了对公司组织目标的实现。因此，文化的推进与本土文化发生了一定的不和谐，权威主义在汉人社会遇到了一定的集团凝聚力的消解以及水土不服。

---

① L. 罗伯特·科尔斯：《解读韩国人》，徐冰译，北京：中国水利水电出版社，2004年，第139页。

7.4 跳槽与加班的背后

韩国人对于加班的执着在世界上都是不多见的。我的几位韩国驻在员朋友说到韩国能跻身世界经济强国之列的原因时，也会自豪地将加班文化列在其中。人们常常认为加班是由于公司之间的激烈竞争造成的，公司希望通过加班来提高工作量，这听起来似乎有一定的道理。不过加班果然只是与经济竞争有关吗?

34 岁的李课长是我在韩国工作时的学生，来中国之前在韩国水原工作，2004 年被派到中国工作做了驻在员。他是 10 年前进入 K 公司的，由于李课长是部门负责人，所以每天比公司规定的时间早半个小时来到办公室。晚上下班的时间是 18 点，但他一般要到 22 点才离开，有时甚至加班到夜里十二点，然后再去跟同事吃饭，因此夜里一两点钟回到家也是常事。

我会在这个公司工作很长时间，也许干到退休，韩国人加班已经习以为常了，我的同事也大多如此。加班没有补贴，也并不都是强制性的，但每个人都渴望表现出对公司的忠诚和对工作的投入，渴望获得晋升。

有一次，我的中国朋友晚上十点钟有私事找我，他给我发短信时问:“你下班了吗?”而不是问我“你睡了吗?”

金英俊先生是这家公司的一位次长，他对于加班也没有任何的委屈感:

我们韩国人加班后不好意思申请加班费，因为这样的话上司会对你的能力提出怀疑，认为你白天做不完，所以只好加班来做。而中国员工如果加班的话，一般都申请加班费。其实我觉得中国员工是对的，不对的是我们这样的人。不过……

他没有继续说下去，我明白他不好意思在我面前过多地评价中国人。

对于将公司视为家的韩国人，加班实际上是对公司忠诚的一种表示，也是勤勉敬业的表现。无论是工作多年，还是刚组成小家庭，韩国职员对加班都习以为常，镇定自如。8 小时工作制在韩国企业没有什么实际的作用，而长年累月加班则成为一种被普遍理解和接受的企业文化，成为员工融入公司集体所必须表现出的合群、从众行为，是员工表达自己对企业的专一和事业进取心的重要形式。在这样的氛围里，即便不想也不需要加班的人，恐怕也不敢不继续在公司里耗着。何况，像三星、LG 这样的跨国企业是年轻人最想进入的地方，要进去自然也非常难，一旦进去后要想保住职位，就要拼命工作、超负荷地加班，以使职位稳固。

公司有急事的话，要牺牲个人的利益积极投身到公司的事物中，这几乎是一条不成文的规定了。人们被期待参加所有的活动，否则就会被同事认为没有社会交往能力，无法与他人合作。过于顾家被人看不起，因此并不是一种美德。“工作狂”精神是韩国经济腾飞的重要动力，但没有节制的加班文化受到越来越多关注生活质量的年轻一代的质疑，不过只要韩国公司的文化传统不变，这一制度就很难改变。

在中国，公司之间的竞争同样激烈，但是就广义而言，加班文化却始终赶不上韩国企业那么兴盛，这是制度后面的文化在起作用。

谈到中国职员的加班，韩国人李课长有自己的看法：

如果我要求我们公司的中国员工加班的话，他们基本上不会拒绝，不过有时候显得很不开心。有一次，公司有一位客户提出紧急的要求，只有大家全体加班才能完成。可是中国同事说：我有事，明天再做吧。结果是：韩国人留下来加班，而中国的技术员一定要回家，第二天来做。我想，他们（指中国人）觉得自己重要吧。

中国职员对于加班的抵制，目的并不在于同公司总体利益的根本性冲突，它们更多的体现的是一种有限地抵制和批评性的参与，而不是要从根本上要否定或打破公司的原则规定。抵制的行为可以视为中国员工释放情绪的渠道和机制，韩国公司对此只能是容忍或是默许。

来自中国职员的观察角度并不总是与韩国人一致：

我们每天工作不算太辛苦：每天早上9点到下午6点。但是，不管有没有事，下班时间如果你准时走，老板肯定是不会给好脸色的，而且他们经常在快下班的时候安排一大堆事情来给你做，简直是故意让你不能准时下班。（周劲松在韩企的同事冯先生）

周劲松对于这个问题是这么看的：

我觉得韩国人简直是在崇尚加班，并以加班为荣。在不提高工作效率和方式的前提下，他们迷信时间上的投入，并把这种理念以近乎强制的手段加在我们中国员工的头上。我觉得8小时能干完的，就不应该加班，不应该形成一个这样的习惯。我带十几个人在二楼上班，另一位韩国经理在一楼带着十几个人上班，每次下班时间我们做完了工作以后想回家，但是又不太好意思穿过一楼直接回家。在我看来，韩国人的加班成了一种迷信，这不是一个经济行为。

“什么样的迷信？”我问他。

“就是看员工是否忠诚于公司组织。”小周回答说。

如果考虑到很多中国职员对加班的反感是源于对外国企业的不认同，这似乎倒是可以理解的一个理由，但是田野调查中总有不一样的声音：

老实说，韩国人是典型的工作狂，几乎没有准时下班的概念，下班后加班几个小时几乎就是天经地义的事情，而且工作态度非常认真。这点是我最欣赏的一点，也是很值得我们学习的一点。我嘛？一切都无所谓了。公司又不是中国的公司，加班？什么时候自己开公司的时候吧。（周劲松的中国同事薛志强）

对于加班的态度也能看出来对于工作是否有敬业精神。看来，韩国文化的推进在加班这一具体的实践中遇到了一点困难。

在现代工作机会大幅度增加的年代，跳槽已经成为一种司空见惯的现象，通过跳槽，人们重新获得谋生的武器。然而跳槽仅仅是重新选择工作这么简单吗？

金英俊先生说：

频繁跳槽“容易给人留下不好共事”的印象，容易让人对你失去信任。我们在一入社的时候，人事部门就说，如果你有一天走出公司的门，再想回来是永远都不可能的。我们不喜欢对企业不忠诚的人。

中国员工在韩国企业跳槽的次数显然要大大高于韩国职员。谈到跳槽，周劲松说的也很直接：

说实话，我还是没有接纳这家韩国公司，虽然它很有名，但毕竟它只是职业生涯中的一个跳板罢了。不过，既然还要在这里干下去，就不要有太多抵触的想法。哦，我忘了说了，韩国人其实也知道中国人爱跳槽，所以我们公司的韩国老板往往把一件事同时安排给两个中国人，让他们互相知道对方做什么，这样人们之间的任务是连环的，以防一个人跳槽，工作做不下去。公司随时做好准备，这样缺了谁，工作都可以继续下去。

对于中国职员相对较频繁的跳槽行为，金英俊先生的语气还是很柔和的：

不知道我说的对不对，我觉得我们两个国家的人在职业价值观上有一点不同，有的中国员工对于企业的投入感和参与感不够，认同感也差，个人主义比韩国明显。开始时，我以为只是因为我们是外企的缘故，但是我观察了其他中国公司的职员对于跳槽的态度后，才知道这是普遍的现象。这可能和中国整个的经济环境都有关系，一想到中国机会很多，跳槽也是可以理解的。

不过你听说过挖井的故事吗？如果一个人频繁地换地方挖井，他最后可能什么也挖不到。应该怎么做，不用我来说吧？

金先生平静的语气中带着一点无奈，对中国职员的些微的不信任还是可以听出来的。

跳槽和加班一样，与对企业的认同有一定的关系。在我对韩国人的调查中，谈到跳槽问题，信任成为一个一再被提出来的话题，与声誉、信誉和忠诚有着扯也扯不清的关系。

7.5 公司之外——喝酒与聚会

由于权威主义和等级观念的盛行，很多韩国公司雇员不善于在正式的场合表达自己的观点，尤其是反对意见。韩国文化从根本上是不鼓励公开表达个人观点的，特别是反面意见，除非双方有很密切的私人关系。公开场合提出不同的看法可能会使其同事或领导感到尴尬甚至产生一定的抵抗情绪，因此非正式场合的交往就成为弥合上下级关系的重要渠道。公司之外的喝酒和聚会成为在京韩国企业一个十分普遍的现象，也成为一项需要人类学观察的文化特征。

韩国人的团体意识很强，为了解除被排斥于群体之外的焦虑，他们必须将公司的一切活动视为自己的事。因此，很多上司会不断创造出与下属非正式交往的机会，例如邀请其下属共进晚餐等，下属也可以单独邀请经理去自己家中聊天。申先生是 K 公司财务部门的韩国职员，他对韩国人的喝酒文化有着特有的理解：

我每周好几个晚上都和同事们一起喝酒吃饭。平时在工作中压力很大，同事关系很容易紧张，晚上喝点酒，说说话，很多事就解开了，第二天好心情轻松地去工作。还有，经常不参加聚会的人会害怕被其他人所孤立，所以一般韩国职员都积极地参加公司的一切活动，包括吃饭喝酒什么的。

说到喝酒吃饭，看中国同事的表情，看出来他们有时很不情愿，也不太习惯这样的场合，所以我会觉得与他们有一点点的距离。上班的时候，中国人说我们是朋友，怎么是朋友呢？韩国人觉得上班只能是同事，下班一起喝酒后才能成为朋友。

周劲松的同事薛志强对于与同事喝酒聚会显得很勉强：

韩国人跟我们不同的是，吃饭以后，要专门换一个地方喝酒或喝咖啡。他们还喝“忠心酒”，一圈人用同一个杯子喝。他们常喝的是一种“炮弹酒”，就是把各种酒掺乎在一起，酒劲很大，我受不了。我的韩国同事每周参加三四次，实在太频繁了，如果总不去也不好意思，不过回家晚了，太太也会不高兴的。

谈到喝酒，周劲松想起了一件事：

有一次，老板下班后请我和另一位主管吃饭谈事。说是谈事，其实5分钟就说完了，其余的时间就是吃饭、喝酒、卡拉OK。这就好比部队里一个级别的人应该弄到一起（意思是应该统一思想——作者注），老板也是想利用这样的机会稳一下大家。

在公司之外的聚会中，员工们在工作状态中被压抑的个性可以自由展现，公司共同体内的人们于无意识中统一着价值观和文化理念、调和着各种关系。下班后聚会的场所那些玩笑、放松、甚至戏谑的环境被用来传递话语，调节分歧，是与日常工作同样重要的公共空间，在这个空间也依然能看到来自组织内的影响，体现着组织文化强有力的影响。酒能改变一部分人性，使彼此看到真实的对方，因酒改变的人性是可以被理解的，并受到团体的支持。在这一气氛中，上下级造成的紧张感和不公感可以得到消除，从而取得一种短暂的平衡，营造出亲人般的幻觉。因此，喝酒与聚会不失为权威主义的一种反向解决手段。

而在汉人社会中，不少中国职员既没有意图更多地进入到其他职员工作之外的私人生活领域，也似乎并没有完全理解这一文化的深意。

7.6 小　结

本章在吸收其他学者有关组织文化理论的基础上，将公司组织认同为文化的组织。文化并不是公司的附属物和创造物，而是共享的行动形态、特有的习俗。文化规定着组织的信念，公司组织本身就是文化。传统在组织文化中作为一种文化原则或文化类型，是一种制度化的社会实践，它从过去传承而来并浸透了文化意义和象征意义。作为一种组织文化，公司文化更是人们互动时可见的群体行为规范，是共享的意义。它传递一种统一的成员意识，指导并构筑着成员的行为，从而提高了组织系统的稳定性。

对于公司文化的认识有助于理解韩国公司文化在汉人社会的推进及遇到的反弹。因此，尽管韩国公司组织的管理者喜欢用现代西方的管理话语来建构组织管理制度的合法性和权威性，在韩国公司组织的实践中仍然充满着本土的社会、文化意义。传统仍然支配着组织内人们的行为，且在文化推进中会遇到与异质文化的较量和抗衡。

韩国政府认为全体国民的统一意志不可能自发形成，只有靠国家意志去动员才能形成国民的定向合力。朴正熙时代宣扬的经济爱国主义利用儒家思想激发起全民族的复兴意识和激情，倡导培育国民经济的自立意识，这其中都贯穿着国家至上的伦理意识。正是依靠这一伦理，韩国“政府、企业、个人”的三位一体的理念得以形成。由国家发起的强大的定向合力对公司共同体基础的形成也有很大的益处。公司企业应承担国家负担的思想使得公司组织成员从狭隘的自我意识中摆脱出来，进而把目标定在了更高一层的目标之上。

韩国公司将家族的结构形态与运作原则运用到了公司之中，按照家族的结构形式来组织公司，使公司的成员逐渐形成共同参与、同舟共济的团体意识。入社培训、会歌早操、野外训练等实践成为打造公司共同体的手段和措施，使得在京韩国公司的文化从一开始就呈现出与汉人社会不尽相同的特色。

韩国公司所建构的权威主义公司价值观，是一种树立、凝聚以及整合为一个统一的组织体的功能和作用，被认为是公司组织里得以维系平衡和正常运行的文化机制。在公司日常实践中，权威主义首先作为一种机制存在，并通过一系列的制度的安排、设计体来实现其管理任务。权威主义同时也可作为一种话语和实践，在日常工作和生活场景中得以传递。

然而在汉人社会，这一观念遇到了不同的声音，有时会成为影响工作效率的一个因素。公司组织文化生产中权力过分的不平等被中国职员所不适应，是文化应用中出现的一个不适应因素。在相当多的时候，特别是来京韩国中小企业中，权威主义及其包含的骄傲和盛气凌人的元素都被理解为话语的不平等和过分的苛求，抵制和反对由此而出现。

神权般的权威以及经营者或职员表现出对企业的献身精神和忠诚，形成了韩国公司企业组织的基础。在这一文化机制的作用之下，加班和跳槽不再是一个简单的工作行为，而一个不计报酬而又忘我拼命工作的人，在组织内会赢得很高的声誉。那些频繁跳槽的人的社会和组织内的评价指数显然比固守在一个公司内的人低很多。说到底，是忠诚度，而不是个人的能力，被视为组织文化的基础。

由于权威主义和等级观念的盛行，公司组织内部有时会产生不调和因素。因此非正式场合的交往就成为弥合上下级关系的重要渠道而被普遍运用。

在同质性要求很高的韩国公司，下班后跟同事喝酒已经不单是一种休闲行为和个人行为，而是非正式交往的一个空间。由于工作压力巨大，下班之后的聚会也成为一次次集体释放压力的过程。非正式场合的接触被认为是上下级建立互信关系的重要手段，调和同事关系的手段，也被视为员工对公司投入注意力的程度和参与度的衡量指标。

在那些下班后的吃饭和聚会的场合中，似乎看不到公司组织文化系统的任何指引。然而下班后的聚会却恰恰可以将公司组织的关系被延续到组织以外。在这个空间里也依然能看到来自组织内的影响，体现着组织文化强有力的影响。

因文化主体和场景的变化，汉人社会对于韩国公司组织文化有了差异性的理解。双方对工作本质、生活意义的反思有不小的差别，从而展现出这些“公司人”复杂、多元而又真实的人性世界。当中国职员所营造的亚文化试图超越公司的整体信念时，就容易形成对抗和冲突，扰乱长期以来一直经营得很好的整体秩序。韩国公司有关共同体意识的培训只能从表层激励中国员工迅速融入，但是深层的差异与隔阂不容易很快弥合。无论是对国家还是对企业的使命感在中国员工中并未获得更为广泛的共识，牺牲自我和个性而忘我地工作成为一件并不十分容易的事情。

源于本土的历史文化传统在全球化的文化接触中，会与当地的文化在具体的生活场景中相遇、碰撞，甚至产生不适应。妥协和协商是韩国文化推进后在公司组织中的必然结果。

第八章　汉人社会的回应及其分析

来自汉人社会的回应具有二重性，如下图所示：

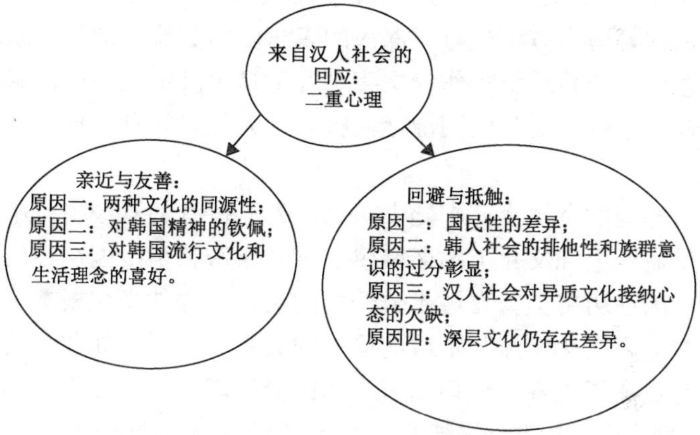

图 8－1　汉人社会的回应

8.1 亲近与友善

8.1.1 跨越历史与现实

自从殷朝末年的箕子入朝鲜建国起，便揭开了中韩交流的序幕，在随后的两三千年间，中韩两国在政治、文化、学术、宗教、艺术等诸多方面进行了深入的多角度的交流。被视为宗教和主导思想的儒教思想和作为文字书写工具的汉字成为两国联系中最强韧的纽带。文化的同源性使得两国人民之间有一种天然的亲切感。

有韩国学者认为：中国人对韩国人所持有的看法中，不可缺少的是血缘上和文化上的亲密感，这种亲密感是两国交往的催化剂。两国在历史上曾有过十分密切的交往，这种交往根本上不同于那些毫无文化交流与了解的国家的关系。正因为如此，两国关系的起点高于世界上任何国家之间的交往。①

1992 年，中韩两国建交，几十年的坚冰被打破，种种话语被重新诠释。跨越半个世纪，双方相互了解的需求都较为急切，有太多的东西需要填补上。即使如此，两国的人员在交流和交往时常常能感受到中国与韩国同源而异流的文化氛围以及这种穿越历史直达现实的熟悉感和紧密感。

在我所接触的韩国人，特别是中老年人中，提起孔子、李白、杜甫、三国演义，他们都津津乐道。2002 年我在韩国安东

---

① ［韩］金夏中：《腾飞的龙》，北京：世界知识出版社，2005 年，第 153、第 159 页。

考察的时候，安东博物馆内的一位白发老者得知我是从中国来的，马上就送给我一幅自己用汉字书写的“源远流长”的字幅，这个字幅我至今仍小心翼翼地保存着。相比于韩国对于中国的了解，中国人对韩国更多的是神秘，不过随着中韩交流的深入，韩国文化传承的持久性、韩国人对于中国古代文化的热爱，以及细致入微的礼仪、独特而不俗的审美也都吸引着中国人。中国人对于与韩国使用同样的姓氏、同样的文字以及韩国人依然重视家谱、祭祖、扫墓，表现出了极为亲切的好感。

A：韩国人的姓氏中一部分来自中国，我就遇到了一个与自己同姓的韩国人，这种亲切感就更加强烈。（中国人，赵先生）

B：他们居然也在使用一部分的汉字，而且很多人都会繁体字，比我认识的还多。以前以为只有日本才使用汉字呢。（中国人，张同学）

C：听说韩国人现在也还很重视家谱、祭祖、扫墓，感觉很亲切。（中国人，小徐）

文化上的同源性以及历史造成的隔绝感，都使得双方像久别的老友一样渴望带着诚意彼此交流。韩国文化中温情、和谐的一面受到汉人社会的追捧，勤勉、自强的精神受到汉人社会的肯定。中韩文化的中断给汉人社会带来不可替代的亲切感，使汉人社会能从另外的文化中寻找到本土文化的发展轨迹。

对汉人社会而言，跨越历史的再次相遇充满了亲近感与失而复得的珍惜感。

8.1.2　韩国精神

在韩国人没有大量来到汉人社会之前，“韩国精神”就已经不断地为中国媒体所报道和强化，而逐渐深入到了中国民众的心中。“韩国精神”在中国人眼中不断地被理解为韩国人独有的对于自己国家的执着忠诚，以及有时候近似狂热的维护群体自尊的偏执。在中国媒体的强势报道之下，“不买外国汽车”、“经济危机时期的献金运动”、“誓死保卫独岛”、“三星崛起奇迹”、“打不垮的足球”等事件和评价成为不断被传颂的关于韩国爱国精神的经典话语。

在话语的流传过程中，有关韩国人的顽强、坚忍也被不断地想象着和复制着。坚忍不拔、自强不息、永不言败至今仍是相当多的中国人对于韩国这个国家的整体性的认识。一位观看了韩国人体育大会的中国人说：

看到韩国人的体育表现总觉得他们是经过团队精神演练出来的。有人说他们太疯狂，有人说他们太让其他国家的人感到压抑，可是我觉得那是一种精神，是我们中国年轻人应该有的一种坚韧和打不倒的精神。我们现代青年人所缺少的正是这种不怕死的精神。中国人一直认为谦逊、柔和是美德，可是我觉得有时候我们也应该像韩国人那样爆发一下，要有一种打不倒的霸气。这样在面对全球激烈竞争的社会现实时，我们才会更强大。

的确，相当多的中国人钦佩于韩国人那百折不挠的信念，他们在汉人社会中的文化展演带给一些中国人的是真实的震撼。我们从其他群体那里能看到本族的不足之处，并期待着一种精神的实现和蜕变。

“韩国精神”在汉人社会成为理解来京韩国人的一个先在的期待和认知，并得到了来自汉人社会确认和肯定的声音。文化推进在某种程度上也得以实行。

8.1.3 来自韩剧的想象

不可否认，韩流的影响和造势，在某种程度上促进了中韩族群的交往，提升了韩国人在汉人社会的认知程度和接纳程度。

韩国流行文化在中国最早的流行媒介是电视。韩国文化最初流行起来是因为韩国电视剧在中国的热播。较早播出的韩剧有《星梦情缘》、《真情》、《异国女友》、《恋风恋歌》、《可爱先生》、《天桥风云》、《妙手情天》等。2002 年，《蓝色生死恋》开始在中国 21 个电视频道播出，同年播放韩剧达 67 部，韩国电影《我的野蛮女友》也在华创造了上千万元的票房奇迹。央视八套播出的《人鱼小姐》、《看了又看》、《澡堂老板家的男人们》、《明成皇后》和《大长今》等电视剧虽然播出时段在晚上 23 点，但收视率仍高达 10%。

韩国电视剧注重刻画人物的细腻笔触，从故事里面透着一股向上的执着，那里的主人公总是满怀信心地期待明天。韩国影视剧中融入的健康的儒家家庭观念，传递的那种温馨的家庭友睦信息，在东亚这个渴望拥抱西方和为剧烈经济变革付出社会代价的地区引起了强烈共鸣。在新一轮的中韩交往中，韩国文化产品无疑起到了一定的推动作用。虽然有些夸张和粉饰的意味，但是，韩国的形象和当代韩国人的思想通过韩流播散到了中国乃至世界很多国家，对中国观众尤其有着特别的意义和价值。在儒家文化的原创地——中国，韩流展现了历经岁月磨练却依然充满生命力的儒家文化的精髓以及韩国人对传统的珍视。

经过“文化大革命”的洗礼，我国的传统文化受到严重的破坏，文化中断成为一个令人不能不承认的事实，但是在隔海相望的韩国，传统文化却被较好地保存了下来，韩剧中吸引中国观众的也正是这些要素。如果说几千年来，韩国人对中国文化充满了敬意，那么韩剧带来的则是中国人对韩国和韩国文化的憧憬，当然多少也包含着中国人对曾经逝去的文化传统的留恋和向往。

“文化是一种权力，或者是一种实力，是可以影响其他国家的行为”。韩流所包含的冲击力和影响力，正是依靠某种思想、文化、道德价值观念和生活方式的吸引力来影响其他文化的能力。当然，在韩流的流行中，电视等媒体发挥着至关重要的作用，成为这个时代无所不在的文化和日常生活信仰的导引者。

中国人对于韩国人的这种源于韩剧的好感也投射到了现实生活中的韩国人身上。从幕后到台前，从韩剧营造的世界到真实的生活中，在如此的转换中，汉人社会对韩国人美好的感情想象被调动出来，被调动出来的好感能否经得起现实的考验，在不同的场景中得到的答案和回应并不总是相同的。

8.2 回避与抵触

中韩两国本是同根文化，但是又各自经历了不同的发展轨迹。韩国文化聚合后形成一股冲力，流向汉人社会，文化接纳的问题随之突显出来。其中不少中国人对于韩国文化表现出了回避与抵触的情绪，其表现和原因同样值得思考。

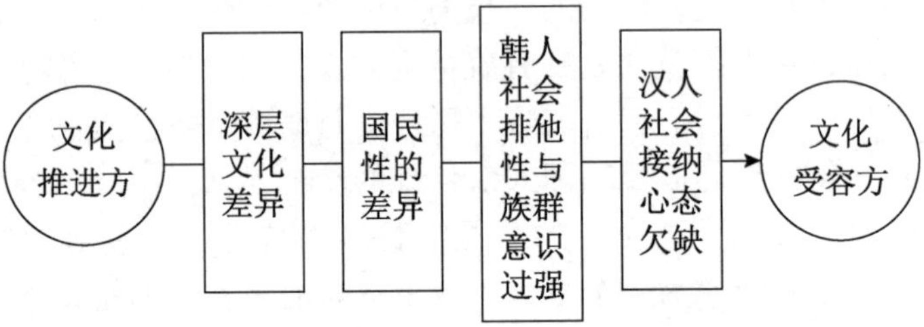

图 8－2 汉人社会的回应——回避与抵触分析表

8.2.1 族性的差异

关于韩国的族性，在前文已有所介绍。韩国学者李元馥也认为，韩国族性中具有极端、过激、傲气和韧性的气质。[①] 研究中、日、韩三国文化的学者金文学认为，韩国人感情起伏大、情绪化，并且韩国人感觉他们已最终达到了他们的预期，他们为在国际舞台上风头赛过自己的邻居而洋洋自得。[②]

韩国人有些族性以行动实践和文化习惯的方式表现出来，在汉人社会却遇到了一定的排斥。韩国族性中具有热情、外向、爱热闹的特点，与此同时，在有关韩国人族性的批评中，极端、张扬、盲目自大成为使用得比较多的几个词语，这与中国文化中倡导的中庸、沉稳、淡定形成了不小的差别。因此，韩国人的某些族性在汉人社会不完全被接受也是可以想象的。而曾经被一些国人羡慕钦佩的积极、团结的"韩国精神"，有时就是因为表达过于激进，情绪过于强烈，同样受到汉人社会的抵触。

望京地区的张女士认为：

韩国人经常成群结队，声势浩大，他们还旁若无人地说着韩国语，让人不太舒服，有时候这些韩国人情绪好像过于激动，好像被压抑太久了以后释放出来的。爱国心是必要的，但是不必要那么执着，好像有些过头了。

除了国民性的差异，与族性相关的生活习惯也成为汉人社会不完全接纳韩国人的因素。韩国人性格中喜欢热闹，更喜欢团体活动，因此有时难免给人吵闹的感觉。

我的中国朋友吴先生说：

韩国人似乎很喜欢聚会，还爱大声喧闹。有时晚上骑摩托车回来，声音弄得很大，挺影响休息的。还有，一有足球比赛时，他们就聚众观看或欢庆。

---

① ［韩］李元馥：《漫话韩国》，朴惠园译，北京：中信出版社，2004 年，第 105 页。

② 金文学：《东亚三国志》，北京：中信出版社，2005 年，第 31 页。

住在五道口东王庄小区的居民周大爷说：

在这个小区居住的韩国学生不少，韩国人喜欢邀请好朋友一起来聚会，特别是周末。这些韩国留学生非常喜欢玩，几个人的小群体经常聚在一起喝酒、唱歌、看电影。有时候这种聚会持续到凌晨两点多钟。韩国人孩子也多，一家两个三个的也不奇怪。孩子在小区里跑来跑去，我觉得乱哄哄的。

为此，我的韩国学生朴镇义解释说：

我觉得会玩也是一种健康的生活方式。白天学习汉语很累，异国他乡又寂寞，晚上邀请几个朋友在自己的房子里喝酒聊天，与朋友分享快乐，然后再睡一个好觉，第二天继续认真学习，挺充实的。我觉得中国人不理解这种生活方式。

朴镇义还告诉我他们现在还是学生，没必要把自己的生活弄的紧张和压抑，应该在参加工作之前好好享受生活，生活本身也是一种学习。

韩国职员金先生在中国生活工作了四年，他也担心与中国人一起居住，韩国人不好的一面会逐渐暴露出来：

越来越多的韩国人与中国人居住在一起，我担心的是有些韩国人不尊重这里人的生活习惯，傲慢无礼，惹出太多麻烦，从而影响韩国人的整体形象。

我在乡友会中认识的韩国人禹先生也认为，韩国人从来没有这么大规模地迁居国外，我们也需要学会怎么去适应新环境，从而更好地入乡随俗。

有韩国学者批评道："随着（中韩交往）时间的推移，对中国的情况渐渐有了了解后，韩国人很奇怪地开始对中国产生了优越感。"①

除了族性的差异以外，细微的文化差异也会导致居住在同一

---

① ［韩］金夏中：《腾飞的龙》，北京：世界知识出版社，2005 年。

个社区的人们的误解。

韩国人习惯于把鞋子放到房门外，而我们觉得这样占用了门前的空间，污染了空气，还很晦气。因为按中国人的习俗，只有家里死了人，才会把鞋放到屋外；还有，韩国人喜欢在外面订餐，吃完后就把碗放在门口等待餐厅服务生拿走，这样也占用了公共空间。（望京社区的中国居民）

在国内，韩国人也许从来没有考虑过自身的这些特点，但是在汉人社会，他们遇到了异质性的反映，国民性中的弱点被放大，以至于引起汉人社会的不适应，甚至引起一部分中国人的反感和排斥。

8.2.2　排他与抱团

排他与抱团也是族性的一部分，不过这两点由于在汉人社会表现突出，因此在这里作为单独的一部分来分析。

前几章提到，韩国人族群内部联动十分紧密，因而团结性在某种程度上会演变成封闭性和排他性。很多中国人谈到韩国人时，都喜欢用“抱团儿”这个词来形容他们。从谈话人的语气中可以感知，“抱团儿”在此时并不一定是一个褒义词。我的朋友小董说：

他们就爱跟本国人交往，不喜欢跟外人来往，这样思想容易狭隘，会觉得自己什么都对。既然来到了别的国家，就应该积极地融进来才对。

有一次我就这个问题问了韩国朋友梁庆镐先生，他的回答是：

的确，大部分的韩国人只喜欢跟本国人交往，比较封闭。应该脱离这么狭隘的心态，真正去接触和认识我们所在的这个城市。

敏姬是韩国中文系的高才生，现在在北京的一所大学学习中文。她的汉语很好，还是一个虔诚的基督徒，可是她一次也没去过中国的教会。有一次我问了她这个问题，她说：

我从来没想过要去中国的教会，北京有很多的韩国教会，我已经很熟悉了。

她还谈到了韩国人与中国人人际交流方式的差异：

我觉得有的中国人不够热情，韩国人在世界上是最热情的国家，所以我感觉有些失望和不习惯。所以有时候也没有热情交流的愿望了。我还是觉得跟韩国人交往更有安全感。另外，对于韩国人的集体行动和团结性，其他国家的人（包括日本人、美国人等）也不太理解。我有时候也觉得应该与其他群体多交流。这样才利于相互的沟通。

话是这么说，在北京学习一年的敏姬几乎没有什么中国朋友，每天与同为韩国人的室友一起上学，一同出去，过着较为封闭的生活。

韩国社会脱胎于宗族组织和村落共同体，自古以来以农耕为主要生产方式，这种生产方式将一定数量的农民圈定在相对固定的地方。山多地少的农耕条件又阻碍了与外部世界的交流，造成村落的排他性与封闭性。在自律而又自给自足的共同生活体下所形成的集团意识，是具有排他性和界限意识的，它的界限就是不跟外部往来仍可安然存在的界线。血缘和地缘的强大结合，构成了较强的乡土意识和较为封闭的社区意识，使得绝大多数的人仍然依附盘结在这些组织上。不过对于超越血缘地缘群体的社会而言，血缘和地缘有时就是一种分裂的力量。

韩国村子中都有两块木头柱子作为村子边界的标志，任何外人看到这两块木头神柱，都会意识到这个村子的存在。“这种原型弱化了与其他地域的协同和团结"[①]，从而进一步产生了与外群体区别的动机，在异质社会，这一点也会延缓其主动适应新生活的进程。

半岛的地理位置增强了对于外族的敏感和警觉，内部依存性大为提高。韩国学者李元馥认为，韩国历史上频繁受到外族的侵入，与异族的基础自然会多一些，为了保守住血缘的纯正性，产生了极度排他的意识，这是保存民族的本能的反应。

组织的致密性和多样化的支持功能以及对自身文化组织的极为熟悉和依赖，决定了韩国人缺少与外界的沟通和联动。很多在京韩国人并不打算永久居住在中国，而暂居和过客的心态使得一些韩国人认为没有必要对中国社会进行更深一步的了解。某些留学生将汉语作为一种职业储备的工具，还有一些韩国人认为在中国工作只是其职业生涯的一部分。带着这些心理和族群意识，一些韩国人将自身封闭于韩国人群体内，这也是不为汉人社会所接受的一个原因。

韩国学者崔俊植在《韩国人有文化吗》一文中就曾这样评价韩国人的团体性：过于强调"我们"的团体观念，无条件地拥护"我们"的集体习惯，对外国人有极强的排他性。[②] 金文学对韩国封闭性做过这样的解读："所谓的'乌里'（韩语发音，意为"我们"——作者注）就是'我们'，是与意味着'外人'的'那母'（他们）相对立的概念。这种强烈的亲族意识使韩国变成了世界孤儿。他们没有意识到，这种过度的'我们'意识已经成为国际化的最大障碍。"[③] 可以说，'我们'一词强调了与

① ［韩］金容云：《韩民族文艺复兴》，首尔：韩文化社，2002年版，第46页。

② 参见金文学：《韩国人的民族性》，载《东方人性格地图》，济南：山东画报出版社，2005年，第258页。

③ 金文学：《丑陋的韩国人》，宋义淑译，济南：山东人民出版社，2005年，序言2页。

"他们"的不同，是一种极端排他的说法，在成就了韩国人的同时，也束缚了韩国人。""韩国人徘徊在血缘、地缘的狭隘篱笆里谋求自己的小集团的利益，而把他人置之度外。"①

虽然言辞有些激烈，但可以看出金文学对于韩国人自我封闭、自我意识过于张扬的特点并不认同。作为个体，两国的民间交往并没有中断，但是作为群体，上述特征是存在的。当然，这种封闭性也受到语言限制的影响。一些韩国人由于汉语不过关，不了解人际交往模式，在汉人社会无法适应，依靠本群体也似乎就成了唯一的、也可能是无奈的选择。

我是在一次乡友会活动上认识韩先生的，他在北京经营着一家餐馆，他说：

我也很渴望进入中国人的生活，毕竟是在北京嘛！不过北京人好像都很忙的。我快四十了，我汉语又不好，不可能跟中国大学生交往，而上了班的中国人可能没有耐心跟我交往。找朋友也是一件挺难的事。

值得注意的是，也有韩国人开始尝试着融入到这个城市中，学习了解中国人的思维方式，并接纳中国人的某些生活习惯，比如做饭后油烟四处飘溢，露天扭秧歌时的震天锣鼓声，等等。身在北京，韩国人也会表现对这座城市的参与精神。2001 年 7 月 13 日北京申奥成功的那个晚上，望京新城居民也自发组织了欢庆队伍，而这次活动的组织者，就是居住在小区里的韩国人。

8.2.3 汉人社会准备好了吗

如果说韩国人在族性或文化思考等方面与汉人社会存在差异

① 金文学：《中国人、日本人、韩国人》，金英兰译，济南：山东人民出版社，2002 年，第 160 页。

会影响到韩国文化在汉人社会的推进的话，那么汉人社会显然也并未完全做好接纳的心态。

虽然在北京有数万韩国人，但是由于相貌上不容易区分，另外韩国人集中聚居在望京和五道口地区，因此大部分的北京人并没有感觉到大量韩国人的存在。反倒是生活在望京地区的中国人，偶尔会怀疑自己身在何处。在望京社区网络论坛上，一位叫“与狼共舞”的业主曾发帖说：“有一天我坐公交车回西园3区，过花家地那站的时候突然发现，车上除了我、司机、售票员外都是韩国人。猛然间发现我竟然像外国人，呵呵。”

在韩国人居住比较集中的望京，到处是韩文的招牌和广告。韩文标牌可以唤起韩国人对韩国的记忆，但是这些韩文也对那些韩国人之外的人会产生一种不受欢迎的感觉。①

生活在一个国际性的社区，望京人还是不十分适应这里成群结队的韩国人。一些中国居民表露出一定的反感，难以接受到处都是看不懂的韩文。在一家中餐馆，我遇到了来这里吃饭的刘小姐。我问她为什么不去韩餐馆，她说：

偶尔走进那种没有中文的韩国餐馆，我会马上退出来，坐着的也全是韩国人，心理也会感到不舒服，不知道该怎么办。我觉得我在这里好像不是在自己的国家，一切都是为其他国家的人预备的。这么多外国人在中国，我并不觉得是件好事。中国人在自己的国土上生活得这么不容易，可是那些外国人却像在天堂一样。

部分中国人对韩国人存在着一些负面认识和刻板定型观念，比如韩国男人是大男子主义，从来不下厨房，对妻子不够尊重，等等。

---

① Eui Young Yu. 1993. The Korean American Community，（Korea Brifing，edited by Donald N. Clark）. Oxford：Westview Press. P158。

汉人社会从心态上并没有接纳外国人，没有进行自我审视，同时对强国的记忆仍在发挥作用。有学者说，中国是大国的观念长期以来深深地印在不少中国人的潜意识里，这是不争的事实。[①] 对此，我的韩国学生蔡锡奎说："我跟中国人发生小的冲突的时候，对方总喜欢说，你们韩国人如何如何的。我听着有点不舒服。我们之间有矛盾，为什么要说全体韩国人都不好呢?"

当然也有支持韩国人进入汉人社会的声音，网上的一则帖子吸引了我的注意：

美国尚能容忍华裔美国人当州长、市长。中国为什么不能如美国那么大度！

诚然，观点总是各有差异，然而，我们会注意到更多的文化观察与体验。

我们看到，面对韩国人的大量涌入，实际上中国人并没有做好十分充足的心理上的准备。他们对外来文化的心态是复杂的，他们持谨慎的友好接纳来者，不过可能也还存在些许的不情愿，认为外来的人打破了原有的生活平衡。可以看出，汉人社会对于韩国文化的推进，有一种明显的文化失落感和不知所措。然而，学术界并没有就此而引出重要的大型研究计划，不仅如此，面对韩国人在中国人城市社区生活，形成较长时日的居住性交往，不免出现的文化、价值观或生活习俗等的分歧而引发不和谐现象，也发现极为缺少相应的社会教育计划与社会政策指导。一个更开放的都市，无疑要迎接越来越多的外国邻居，并学会与之融洽生活。为此，跨文化教育意义上的市民心理准备和相应的社会政策缺一不可。

① ［韩］金夏中：《腾飞的龙》，北京：世界知识出版社，2005 年，第 159 页。

8.2.4　深层文化差异的交锋

8.2.4.1　两国传统文化的延续与中断

文化延续是人类社会传承文化的方式。文化延续有时在社会过程中是以潜移默化的方式表现出来的，有时又是显而易见的。

我国在辛亥革命之后，传统秩序处于崩溃的状态，五四新文化运动后传统文化和儒家思想的影响受到了进一步的冲击和破坏，儒家思想也被新思想所取代，应有的伦理道德受到某种程度的削弱，而且在短时期内难以复归。20 世纪六七十年代，儒家思想又被作为反动思想被予以清除，儒家伦理也因此在民众中削减到了最低的程度。到了 20 世纪七八十年代改革开放后，经济成为国民生活的重心，中国社会的重商思想逐渐占据强势，儒家思想失去了实际意义上的约束力和影响力，差序格局思想中以“己”为中心的部分突显得尤为明显。经济的发展成为阻挡文化思索的有力武器。

经过了 20 世纪几乎百余年的冲击和以“脱古入现”为目的的文化上的反传统以后，传统文化不再拥有往昔的地位和价值。儒家文化所负载的等级意识、团体意识和文化认同也受到空前的冲击。与韩国传统文化的传承性相比，作为儒家文化发源地的中国，不管是社会上还是生活上，中国人的儒家文化意识都淡薄了很多，日常生活中的儒教影响已微乎其微。维系共同体的血缘尊卑、长幼有序原则也已经被经济至上的原则所取代。

在传统思想衰微的同时，西方思想却趁机大量地涌入，使得个人主义、过强的竞争心态、利己心态、能力主义得到迅猛的发展。团体意识不但没有强化，反而更加涣散。文化学者张宏民打了这样一个比喻：一个人去邻居家做客，回来后发现自己家到处都很破落、很不顺眼，于是就把家里的旧家具换成了新式的家具。可是却发现怎么放都不适合屋子的格局，于是就把这些新家具修修改改，以适应屋子的结构，结果屋子的风格被弄得面目全非。① 这个比喻形象地说明了我们对待传统的态度。

文化的重组并不意味着其传统文化的历史终结，相反韩国以儒教为主干的传统文化一直顽强地延续至今天。儒家思想中的精华和美德也在保存和重新演绎着。当然，韩国传统思想中的某些特质有时被人们发挥到了一个较为极端的程度，因而表现出了一定的顽固性和保守性，这一点将在后文继续阐述。

进入现代社会后，尽管韩国在现代化进程中参照了相当多的欧美的价值体系，受到日本文化的影响也不少，但是儒学这一韩国的主导传统文化在看似全球化和西化的背后，作为潜在的、根深蒂固的力量，仍然深刻地影响着韩国人的文化和行动意识以及组织的风格。韩国的历次文化重组并没有破坏儒家文化传统，反而现在的儒家文化在韩国具备了民众化、制度化以及习俗化的特点。儒家文化至今仍维系着韩民族的共同信念、共同价值观，并对韩国起到了价值导向、文化认同和民族凝聚力的作用，成为民族传统文化的基本观念体系。

韩国学者也有同样的认知："如今，韩国人所具备的纯韩国式的性格、思考方式、行为规范仍以此为准绳，儒教至今仍深深扎根于我们社会的基层。"② 韩国从中国接受儒家思想之后，在中国文化的基础上，将其升华为具有韩民族特色的文明，从而发展成韩国固有的、具有独创性的美德和传统。③

---

① 张宏杰：《滚滚韩流——中国人比韩国人少什么》，台北：知本家文化事业有限公司，2004 年。

② 原文见《朝鲜文化史大系》与《韩国民俗大观》，转引自张敏撰《儒学在朝鲜的传播与发展》一文，载《孔子研究》1991 年第三期，齐鲁书社出版。

③ ［韩］金夏中：《腾飞的龙》，北京：世界知识出版社，2005 年，第 152 页。

儒家思想强化了组织的团体意识。在传统社会，特殊主义血缘原则成为至上的原则，在现代社会，家的意识同样被赋予到了组织上。个人的意识与行为被与那个人所在的组织的文化需求所界定。

“内部矛盾对外是掩盖的，不能随意离开自己组织的范围和领域，组织内的其他原则都以组织发展和成功为前提，换句话说，团体和家族的成功是最重要的。”①

韩国社会至今每年有两次祭孔，民间仍有专门传授儒学的私塾——乡校的存在，传统的书院也在发挥着作用。渗入到日常生活的世俗化儒家伦理还发展出了一套引发人们努力工作的信仰和价值，因而成员敬业的工作态度和勤勉的劳动意识成为韩国组织（特别是企业）文化的一个重要特征。

尽管儒学受到各种冲击和变异，但是仍以独特的魅力，成为韩国文化和民族精神的重要源泉。儒学思想对韩国的辐射和浸染，其程度之深、历史之久，成为东亚其他国家不可比拟的。西方文化强势保持着压倒性的优势，一些文化生态会显得有些招架不住，而韩国人在现代化的过程中表现出了对本国文化传统的执着和信任令人深思，值得学习。

当然，儒教的思想经过千年的传承和人为的演绎，也发展出了一些弊端。这些弊端同样被韩国社会所抱持、所追随。儒教的长处与弊端已深深地残留在韩国人的生活底层，透过韩国在京组织文化的实践，这些弊端也表现得格外清楚，比如极端的权威主义、过度的共同体意识对个性的束缚等。

① 韩国社会学会编：《韩国现代社会学——韩国社会どこへ向かっいるのか》，东京：新泉社，1988年，第270页。

8.2.4.2 对权威主义的复杂解读

韩国是缺乏"水平（横向）柔软性"的国家，是最重视垂直性（纵向）人际关系的国家。[①] 儒家为主的传统文化的延续和传承在韩国又加剧了等级意识的滋长。"在韩国不管什么样的组织，服从比批评更重要。合理的命令系统比扩大集团的规模更重要。不管什么组织，血缘或者模拟血缘关系的组织，都要求很强的奉献精神和信义，然后才能获得组织所需要的成功和成长。为了达到组织的共同目标，十分强调上下级关系和团结意识。"[②]这种思想对韩国组织成员间的垂直关系有着很大影响。组织内的上司期待下级能绝对顺从于自己的权威意识。这种垂直的关系意识不仅受权限关系的影响，而且也受年龄、地位、身份和相互所属关系的影响。

因此，在韩国社会中绝对权威并没有消失，团体的逻辑成为一种原理高于个人逻辑，并成为基于共同文化上的共同的心理素质。权威主义有时表现为名分主义行为准则和上下次序的不可质疑性。另外，受到来自传统文化的孝的强大力量的影响，韩国社会前辈后辈文化发达，序列意识强烈，也没有像中国一样出现后喻型文化占重要地位的文化类型。

从朝鲜语的语言结构中可以清晰地感受到这一思想已融入人心。韩国语的语法范畴用递加附加的成分来表示，有着严格的上下区分的敬语体系，动词和形容词也都用尊称和阶称范畴[③]。人们的辈分和尊卑明显地表现在语言使用当中，长幼之间用不同的

---

① ［韩］宋丙洛：《韩国经济论》（第三版），博英社，1992 年，第 157 页。

② 韩国社会学会编：《韩国现代社会学——韩国社会どこへ向かっぃるのか》，东京：新泉社，1988 年，第 270 页。

③ 钱如新：《从语言看韩国人的尊卑意识》，《解放军外国语学院学报》，1996 年第 6 期。

阶称来表示礼节和等级。敬语的随时使用成为一种十分普遍的现象，人与人之间的上下等级秩序被清楚无疑地表现在语言结构中，时刻提醒人们等级差异的存在。在现代汉语中，“我”绝对不能省略，固定而明确，而韩语中会因为年龄、社会地位、辈分、对象的不同，“我”具有极大的可变性，体现着“自我不在”的特征。借助这种语言，儒家的伦理观念可以牢固地扎根在韩国人的心理深层结构之中，而这种语言结构又恰好成了能够顽强地固守儒教伦理观念的载体。

权威主义的盛行，使得汉人社会内韩国组织中的中国员工无法感受到主体参与感。将人仅仅作为组织的微不足道的一员的设置，使得等级制度下的成员无法适应，韩国社会过分的权威主义在汉人社会遇到了以追求所谓的被唤醒的平等意识的汉人文化的反弹。

韩国人对于中国人的平等意识并不完全认可，金英俊先生的话不无道理：

都说韩国的等级严格，似乎没有平等，我倒觉得中国人对于平等的理解有些过分了，甚至完全没有了界限。比如儿女可以对父母提出要求，比如让他们做饭。电视里的节目经常是父母为孩子忙这忙那，而孩子则躺在沙发上看电视，这简直不能让人理解！还有，很多学过汉语的韩国人认为中国人不像古人那么有礼貌，因为汉语中的敬语很少，很多人都用“你”来说对方。只有在看书面语的时候，还能感觉到等级和尊敬的存在。

对源于传统宗族主义和儒家文化的权威主义的复杂解读也是韩国文化推进中必然遇到的一个需要解答的考题。

8.2.4.3　军事化思想的文化影响

1961 年，朴正熙着手改造韩国社会。掌权后的朴正熙给韩国政府注入了一种强烈的军人气质，把全国组织成了一支发展经济的军队。从朴正熙到卢泰愚，长期的军人政治管理，使得韩国政府和组织形成了鲜明的军人作风。

而光复后韩国实行的兵役制度更是涉及每一个韩国家庭和几乎每一位韩国男性。作为如此大规模民众参与的社会实践①，军事思想和兵役制度对韩国人的思想意识及国民性的形成有何等的影响，以前很少引起人类学的过分关注。

由于特殊的地缘位置，韩国实行全民防卫体系②，所以男人都要去当兵。尽管一些国家和地区也实行兵役制度，但是其管制没有韩国兵役法这么严格，因为如果不实行严格的全军事化，可能会有亡国灭族的危险。韩国军事主义的理论基础一部分根植于儒家思想的权威主义，一部分与韩国特殊的地缘政治有关系，同时也受到了来自日本和美国的影响。

军队首先强调的是绝对地服从和规范的秩序。韩国的军营制度是相当严格的，成员所接受的训练也是十分严苛的，我所访谈过的韩国男性对此几乎都有深刻的感受。至于等级意识在军队中更是无处不在，早入伍一天就天然地拥有对后来者随意处置的权威，这种意识一批一批地传承下来，老兵泰然处之，新兵默然接受，绝对忍耐。军队中还激发出了韩国男性集体拼搏的精神，育成了人们在突发事件面前迅速应对和调整的能力、行动力以及良好的组织能力。

可以说，韩国社会在宗族组织、村落社会中以及在儒家思想培育下形成的服从意识、秩序意识、团队行动意识和等级意识在军事主义思想的影响下得到了进一步的确认和强化，有时甚至达到了相当高的程度。

---

① 粗略地计算一下，从韩国光复到现在的几十年间，至少有几千万韩国男性服过兵役。

② 赵杨：《韩国兵役制度：打造一个“军营国家”》，《世界知识》，2013年10期。

军队生活的影响也延续到日常生活中，韩国学者认为韩国“暴饮文化”就是从军队中流传下来的。① 韩国甚至还有一种叫作“部队汤”的料理，我第一次听到这个菜名的时候觉得很奇怪，后来一打听才知道，是军队中常吃的那种类似于我们的火锅一样的炖菜。

当今，军队以外的社会组织对于军事化倾向也能够做到习以为常、应对自如。可以说，军事主义思想渗透到了韩国组织的各个方面，也成为富有韩国特色的组织文化中不可分割的组成部分。要想了解当今的韩国文化，这一点是无论如何也不能忽视和超越过去的。

8.3　小　结

对韩国文化的推进，汉人社会有着多重心态。表现在友好亲善与回避抵触的并存。

两国几千年的官方与民间的交流使得两国文化呈现出极大的同源性。文化上的同源性以及历史造成的隔绝感，都使得汉人社会对于韩国人群体的到来表现出相当的友好与善意。而借助于媒体和现代传输手段，“韩国精神”得到了来自汉人社会确认和肯定的声音，这在某种程度上为文化推进提供了较为丰富的土壤。

韩国影视作品的热播催生出汉人社会对韩国文化的亲近感。然而，韩国文化的推进在汉人社区也有回避与抵触的回应。本研究将这一回应解释为国民性的差异、韩国人排他意识与过于内聚的意识、汉人社区对于外来文化和群体接纳程度的不足以及两国深层文化差异这几个因素。

---

① ［韩］李元馥：《漫话韩国》，北京：中信出版社，2004 年，第 85 页。

韩国族性中具有极端、张扬、盲目自大的特点，这些特性与中国文化中倡导的中庸、沉稳、淡定形成了不小的差别。而曾经被一些国人所羡慕钦佩的“韩国精神”表达出的过于激进和极端的情绪，同样受到汉人社会的抵触。

韩国宗族和村落组织由于内聚性强，自然对外相应地形成了排他性。半岛的地理位置增强了对于外族的敏感和警觉，内部依存性大为提高。在保守住血缘纯正性这一理念的支配下，极度排他的意识的产生也不足为怪。进入汉人社区，韩国人对自身文化组织的极为熟悉和依赖，决定了韩国人缺少与外界的沟通和联动。当然，这种封闭性也有受到语言水平的影响。

面对多元化的社会的形成，面对韩国人的大量涌入，中国社会包容心态和跨文化意识的不足也明显表现了出来，成为阻碍汉人社会接纳异质文化的一个因素。

中韩两国的文化碰撞与两种文化的深层差异有着很大的关系。我国自辛亥革命之后，传统文化和儒家思想遭受到了多次的冲击和破坏。到了20世纪七八十年代，经济成为国民生活的重心，儒家文化所负载的等级意识、团体意识和文化认同以及共同体的血缘尊卑、长幼有序原则已经逐渐淡化。

韩国人在传统文化的传承方面做得很好，使得其文化中断的可能性降为较低的层面。韩国人在处理人际关系时，仍然较多地坚持人我兼顾的群体理念，“整体利益驱动机制”依然奏效。

当然，儒教的思想经过千年的发展，也滋生出了一些弊端，如等级意识的强化，从朝鲜语的语言结构中可以清晰地感受到这一思想的融入人心。

权威主义在汉人社会遇到了一定的通行上的文化障碍。权威主义的盛行，使得汉人社会内韩国组织中的中国员工无法感受到主体参与感。

由军国主义教育和光复后韩国实行的兵役制度而形成的军事

化思想对韩国人的思想意识及族性的形成有着不容置疑的影响。

可以说，韩国社会在宗族组织、村落社会中以及在儒家思想培育下形成的服从意识、秩序意识、团队行动意识和等级意识在军事主义思想的影响下得到了进一步的确认和强化，有时甚至达到了相当高的程度。

第九章　文化聚合与文化推进

9.1　文化聚合

对于韩国人来说，族群认同因素，如檀君神话、特定的地域引发的苦难历史、花郎精神以及单一民族单一语言形成的原生性的凝聚力都是建构其族群认同的重要因素。但是族群意识更多的是在与他者的互动中形成的，韩国人族群意识的强化却是其从历史上长达千年的绝对的“他者”——中国的影响下脱离出来才开始的。近现代的一系列促进族群意识觉醒的思想使得韩国人的族群意识进一步增强。

韩国自从独立以后，经过几届总统的爱国主义教育，族群意识和自信心大幅度提高。韩国军人独裁政权的结束及二十世纪八十年代后期的民主化，使得韩国人释放出更多的活力。二十世纪九十年代后，来京韩国人在与汉人社会的互动中，通过一系列的文化实践，进一步强化了其族群认同感，也使得其对族群的反思达到了一个新的高度，族群意识得以强韧化。

韩国是世界上至今仍然深受儒家影响的国家。儒教所倡导的人伦观念和家国一体等思想对于网络人伦型社会的形成有着巨大的影响。家族、宗族意识在小农经济和村落社会背景下得以强化，从而衍生出强大的血缘和地缘意识。进入现代社会后，传统的血缘和地缘关系被打破，人们按照共同体的原则形成了不拘泥于地缘和血缘的小规模的各类组织，学缘、职缘以及同一宗教组织内部群体的出现，使得韩国社会成为世界上独特的“缘分”主义社会。20 世纪 80 年代，随着政府集权的消失，市民社会随之出现，形成了诸多的团体。韩国社会组织的活跃性特征开始越发明显地表现出来，超缘分主义团体也使得韩国社会内聚力进一步提高。1992 年两国建交后，大量的韩国人进入中国。由于适应异质性环境的需要，韩国人组织和群体内部联动的需要更加迫切，从而在中国主要是汉人社会中形成和发展了多样的组织。社会性支持、工具性支持以及情感性支持对韩国人组织致密性的提高起到了促进的作用。

本研究认为，文化聚合是指群体对外族群意识的增强与对内组织致密性的提高结合形成的一种合力，是本群体可以在跨境状态或与异质性社会中得以较为自如地适应和生存的文化力量。换句话说，就是由外在的族群意识的强韧化与内在的组织社会致密化的结合而表现出的具有张力和创造力的文化力量。韩国人的文化聚合在中国得到进一步的强化。有学者认为，“韩国文化具有潜在的巨大的爆发力。”① 这实际上就是由文化聚合形成的巨大的文化张力而来的。

本研究以韩国文化为例，将文化聚合归纳为以下几个特征：

1. 文化聚合是一个长期积累的动态的过程。

由最初的“隐士之国”到如今在世界上颇有影响的国家，其间韩国经历了无数的波折和摇摆。古代韩国统治集团和文士内部人士的不统一，特定的地缘关系和历史情节，都或多或少延缓了韩国文化聚合达成的时日。韩国光复后，政府与民众对历史进

① 赵杰：《东方文化与东亚民族》，北京：北京语言文化大学出版社，2000 年版，第 161—162 页。

行了深刻的反思，经济的发展又促进了文化软实力的增强。在跨境行为频繁的今天，韩国文化呈现出鲜明的聚合的态势。因此可以说，文化聚合是一个构建中的动态的文化事项，伴随着整个韩国几千年的历史进程。

2. 文化聚合是文化要素统合、提升并凝结为一体的，由诸多复杂因素共同促成的文化事项。文化聚合能将族群和组织中孤立的、分散的，甚至是彼此冲突的文化价值和共同体认识凝聚在一起，从而形成一股强大的合力，并伴随着主体精神的独立与强化及自信心的提升等。

文化聚合所容纳的是多种元素，如族群意识、社会凝聚力、共同体意识、社会组织、文化机制等，并使这些元素朝着一个共同的目标发展变迁，从而形成一股合力。特别指出的是，韩国光复后，在权威化的政府的主导下，清理了以往文化传统的软弱、涣散的元素，为文化聚合彻底扫清了障碍。

文化聚合所提供的是一种强大的力量，这种力量足以在今天使韩国在世界面前呈现出了一个独特又全新的形象。

3. 从某种意义上说，文化聚合是保存和保持族群自身生命力的一种措施，这种力量在异质社会中更加突显出来。

文化聚合表现出韩国族群认同的强韧及内部组织的致密，这也为韩国人提供了适应异质社会的基础。同时因对于传统的坚持和固守，使得文化较少受到冲击和震荡。当然，文化保守性和弊端也并非不能观察到。

本研究认为，文化聚合的价值在于，可以为本文化向异文化的推进提供组织、精神及族群意识等方面的基础、动力和可能性。文化聚合所提供的生命力使群体即使在跨境状态或与异质文化较量时也能泰然处之。

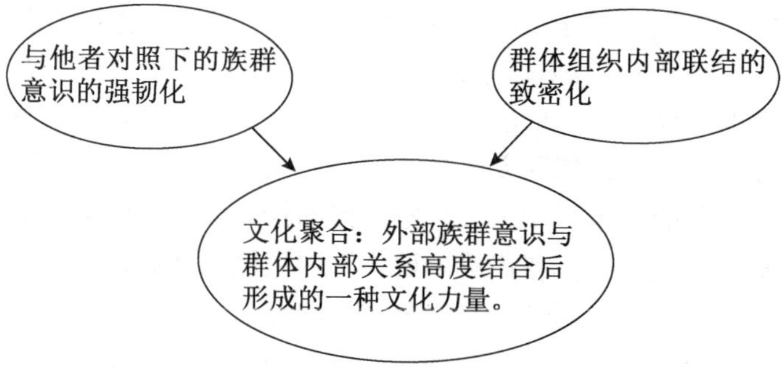

图 9－1　文化聚合示意图

9.2　文化推进

本研究认为，文化推进是以文化聚合为基础和动力的，是一种文化向另一种文化空间的主动推行。文化推进是两种文化交融和互动的方式之一，体现出一个族群在文化发展方面的本质要求。本研究将韩国文化向中国汉人社会的推进分三个层次来描述：社会关系和组织制度、文化实践以及组织（公司）文化。

近些年，在北京的众多的韩国人娴熟地运用在国内形成的一套人际机制和社会结构机制，在北京建立了完善的组织、社区和信息网络，在汉人社会中建造了独特的"韩人社会"。"韩人社会"成为中国历史上颇具规模的境外移民团体，表现了其在全球化时代的拓展生存空间的愿望和理想。

韩人社会的登场是韩国文化推进的一个重要的层面，韩人组织和社区发展的完备是文化推进的外在的形式，也是其文化推进的基础。

同时，由于共同体意识强韧、组织内部联动密集，韩国人在汉人社会较为顺利地参与了各种形式的实践活动，这些行为超越了对汉人社会的单纯适应，表现出了强大的族群意识和文化特征。借助体育比赛、观看世界杯比赛、推介餐饮文化、展现流行文化等文化实践，韩国人将自身文化在汉人社会进行展演，表现出富有特色的集体行动主义色彩，借助仪式化的行为将其族群精神和意识彰显出来，并传播了现代韩国生活方式和理念。在这一层面上，文化推进携带着文化精神和族群意识，透过韩国人的文化行动的表现，使人关注的是其集体行动背后的文化特质、思维特征和族群性格。

文化推进的第三个层面是组织文化上的推进。公司是韩国组织文化与中国本土文化接触最多的组织，也是韩国文化推进中的最有代表性的组织，因此本研究选定公司组织作为观察切入点。公司作为一个文化系统，展现出独特的组织文化。碰撞、交融在这里演绎，中韩两国的文化深层差异得以鲜明地显现。随着在京韩国跨国公司数量的增加，具有韩国特色的公司文化理念在北京有着越来越大的影响和推广的空间。

无论是爱国经济主义还是以公司为家的概念，都可视为共同体的意识打造和培养，并成为韩国企业在汉人社会的推行的一个特色。

爱国经济主义是韩国大型公司最有特色的文化之一，这一理念从一开始就将更高的国家意志置于企业个体之上。而当家的意识被赋予到了公司上，公司员工被要求要把公司当做家来对待后，韩国社会特有的权威主义、等级制度以及对公司职员的文化行为的评价的分歧都体现出了中韩文化的差异。这些都导致韩国公司共同体在汉人社会推进的过程中遭遇了一定的反弹和抵触。

由此观之，在第一个层面，韩国文化的推进是以聚合为前提条件，文化得以实现整体的推进，韩国组织和社区文化的推进呈现出块状移动的特点，具有嵌入式的特征。第二个层面上，韩国人文化实践的展演具有辐射式和外向拓展的特征。而第三个层面中公司组织文化的推进则显现出两种文化深层差异的碰撞和交互关系，因此遇到的汉人社会的反弹也就相对多一些。

韩国文化向中国汉人社会推进的过程中，来自汉人社会的回应应当被纳入观察之中。好奇与友善、回避与抵触的二元情绪共存，反映出两种文化在碰触当中复杂和矛盾的状态，使得文化推进呈现出多声部和复杂性。

本研究以韩国文化为观察点，认为文化推进具有如下的特点：

1. 较之于长时间的文化渗透而言，文化推进具有突发性和激进性，是文化聚合后极易发生的一种文化现象。文化聚合为文化推进提供了强大的组织、精神的动力和可能性，因此自然会促使文化推进的相应发生。

韩国文化向汉人社会推进发生在两国建交后的十余年间，与文化聚合所经历的数千年比起来，突发性尤为明显。激进性的表现与韩国人特有的族性有着密切的关联。

2. 文化推进体现着强烈的主动传播的意愿，期待本族文化跨越国家和族群的疆界，被更多的人们所共享。文化推进并不十分关注结果，关注更多的主体意愿的表达，主动地或有创造力地运用自己的文化。

文化推进是一种文化向另一文化空间的主动推行，大批的韩国人来到中国的跨境行为本身就带着强烈的意愿并携带着本族的精神力量和文化特质。在异质文化空间，韩国人创造性地运用在本国形成的娴熟的人际交往机制，以表达自身的主体性。

3. 外部看来，文化推进的力量是十分强大的，内部呈现的仍然是较为保守和紧密的心理。某些时候，表现为固执地保有本土文化特性的特点。

外部力量的强化有时会造成韩人社会内部呈现封闭性和保守

性，这是文化推进的特色之一，二者并不矛盾。正是因为团体内部的紧密感才能使群体的力量聚集到一处，并呈现出一致对外的特点。

4. 文化推进并不表明两种文化会融合或走向拥有一种共同文化的过程，相反，在推进的过程中，两种文化的差异性问题会显现得更加明显，有时会产生一定的不被接纳的态势。在文化推进中，受容方有过滤的机制，对于利己的一面积极吸收，接纳，对于矛盾和冲突的一面采取回避或抵触的态度。

由汉人社会的回应可以看出，在文化推进的过程中，那些细微的文化差异有被放大的可能性，从而造成受容方的抵触。这时两种文化的中断显现出来，特别是深层文化中断使得两种文化的融合几乎成为不可能。文化多元并存并相互理解是解决这一问题的最佳方式。

5. 文化推进在某种程度上影响着文化流动的方向。文化很少是静止的，变迁就要有方向。文化推进体现着双方文化力度的差异，从一方推进至另外一方。如果对方恰好愿意吸收和接纳，则会助长其推动之势。当然更多的还是表现为双向的流动。尽管如此，仍不能简单地将双方理解为二元对立关系。

就文化推进这一角度观察，似乎韩国文化暂时具有一定的强度，从社会组织、文化实践和组织文化三个层面全方位进入汉人社会。但就总体的文化体系而言，汉人社会的文化仍具有极大的潜力。在汉人社会对自身文化进行深刻反思后，文化的走向也许会发生变化。

6. 不可否认，经济的发展为文化的推进提供了相当的动力，不过文化推进更多的是文化竞争和交流的过程。文化是互相竞争的，观念、价值和理念成为人们竞争的对象。

韩国经济的飞速发展的确极大地提升了韩国人的自信心，为韩国文化的推进提供了物质上的保障。不过仅仅把韩国文化的推进理解为经济发展使然，则会忽略韩国文化内在的延续力。从人类学的角度来看，文化始终是一个群体发展并在竞争中脱颖而出的重要元素。

7. 文化推进在一定程度上也有弥合两种文化间的中断的作用，并在一定程度上促进文化间的融合与整合，有利于双方的互相借鉴和吸收，从而反思自身。在同其他文化形式的交流中，所有的文化主体都会认识到自己原来相对薄弱的东西，并使自身发生相应的调整。

作为几千年来对韩国文化构成深刻影响的国度，汉人社会尤其能从韩国文化的聚合与推进中获得有益的信息，进而加强自身文化的反思。如果是这样的话，本研究也就在一定程度上达到了写作的目的。

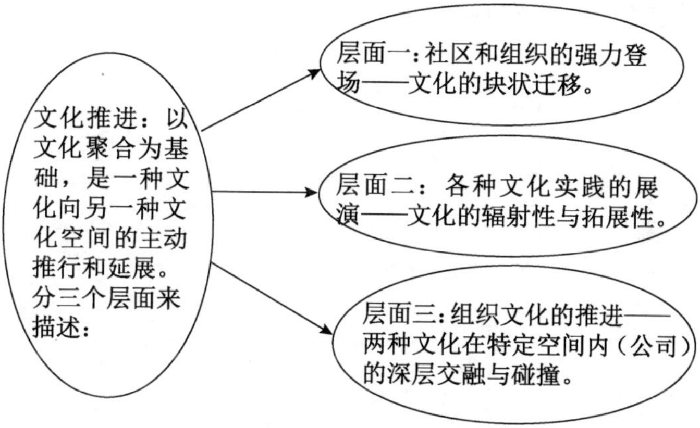

图 9－2　文化推进示意图

由此可见，在京韩国人的族群认同和文化推进方式，不同于王明珂从边缘看中心的“攀附”、“依附”模式——他认为华夏与其边缘族群之间的互动关系以及由此带来的族群边界的变迁，包含两个层次、两个方向的历史动力：一是华夏边缘族群“寻得或假借一个华夏的祖先”以进入华夏；二是华夏“寻回失落祖先的后裔”以接纳新的成员。这种双向或单向的认同活动，是中国历史上华夏改变自身族群边界，以及边缘族群华夏化的一种基本模式。并且王明珂认为族群中心主义（Ethnocentralism）、不对等的族群文化互动关系以及现实利益的驱动等，则是造就这一模式的主要原因[①]。在京韩国人的族群认同和文化推进方式也不同于萧凤霞（Helen Siu）关于华南妇女“不落夫家”和“自梳女”的反抗模式，即是当地原住民为了与国家权力相认同和进行社会排斥所采取的一种文化策略，后来经济独立的缫丝女工逐渐利用这一文化资源来争取自身的独立[②]。

在不对等的族群互动关系中，在全球化的背景下，在京韩国人的“文化聚合”和“文化推进”方式呈现出跨国的、跨族群的主动嵌入和扩展的态势。

---

① 参见王明珂：《华夏边缘：历史记忆与族群认同》，北京：社科文献出版社，2006年版。

② 萧凤霞：《妇女何在》，《中国社会科学季刊》（春季卷），1996年，总第14期。

参考文献

日文文献：

［1］［日］北厚淳．共同体の思想——村落开发理论の比较社会学．京都：世界思想社，1996 年．

［2］［韩］在日本韩国文化院编．日韩文化论——日韩文化の同质性与异质．东京：学生社，1994 年．

［3］［日］伊藤亚人等监修．朝鲜を知る事典．平凡社，1986 年．

［4］［日］足立明、春日直树等．文化と现代世界——文化人类学の视点から．京都：嵯峨野书院，1991 年．

［5］［日］服部民夫．韩国—ネットヮーケと政治文化．东京：东京大学出版会，1992 年．

［6］［韩］李圭泰．韩国人心の构造，金容权译，东京：角川书店，1986 年．

［7］［韩］国际文化财团编（金烈圭执笔）．韩国文化のルーツ——韩国人の精神世界を语る，宋宽译，东京：サイマル出版会，1987 年．

［8］［韩］金元龙．韩国文化の源流，西谷正译，东京：学生社，1981 年．

［9］［日］文化人类学事典．东京：弘文堂，1987 年．

[10] 韩国社会学会编．韩国现代社会学——韩国社会どこへ向かっぃるのか．东京：新泉社，1988 年．

[11] [日] 杉山晃一、樱井哲男．韩国社会の文化人类学．东京：弘文堂，1990 年．

[12] [日] 伊藤亚人、郭敬久编．韩日社会组织的比较．东京：庆应义塾大学出版会株式会社，2002 年．

[13] [日] 原ひろ子等著．家族の文化志．东京：弘文堂，1986 年．

[14] [日] 朝仓敏夫．"韩人录"の世界．载朝仓敏夫、冈田浩树编ゲローバル化と韩国社会——その内と外．东京：创文堂株式会社，2007 年．

[15] [日] 松根格．汉字の旅人．东京：文艺社，2003 年．

[16] [韩] 金容云．韩国人と日笔者．东京：サイマル出版会，1983 年．

[17] [韩] 姜在彦．朝鲜儒教二千年．东京：朝日新闻社，2001 年．

[18] [韩] 辻中丰、廉载镐编著．現代韩国の市民社会?利益团体：日韓比較による体制移行の研究．東京：木鐸社，2004 年．

[19] [韩] 全京秀著．韩国人類学の百年．岡田浩樹、陳大哲译，東京：風響社，2004 年．

[20] [日] 白鉄編．韓民族その不死鳥たる理由．东京：成甲書房，1982 年．

[21] [日] 渡边吉容、铃木孝夫：《朝鲜语のすすめ——日本语からの视点》，东京：讲谈社，1981 年。

韩文文献：

［1］［韩］尹泰林．韩国人的意识构造和传统伦理．教育论坛，2003年．

［2］［韩］慎镛厦．21世纪韩国社会、家族、共同体文化．21世纪韩国社会和共同体文化．首尔：知识产业社，2004年．

［3］［韩］韩永愚．韩国的文化传统．首尔：乙酉文化社，1988年．

［4］［韩］国政弘报处．2006年韩国人的仪式、价值观调查结果报告书，2006年．

［5］［韩］郑求福．韩国人的历史意识（古代篇）．首尔：韩国精神文化研究院，1989年．

［6］［韩］金在云．韩国人的意识和行动样式．首尔：梨花女子大学出版部，1987年．

［7］［韩］韩佑劲．韩国通史．首尔：乙酉文化社，1986年．

［8］［韩］尹淑英．韩国文化史．首尔：语文学社，2005年．

［9］［韩］李基白．民族和历史．首尔：一潮阁，1987年．

［10］［韩］金正义编．韩国史的理解．首尔：萤雪出版社，1988年．

［11］［韩］金汉教编．韩中关系史（2）．首尔：아르케出版社，1999年．

［12］［韩］姜宗焕．韩国人像的探究．朝鲜大学生活指导研究，1985年第一期．

［13］［韩］殷恩珍．韩流的原发地是韩国吗?，锦江文化第35期．

［14］［韩］朴南玉．韩国文化史．首尔：大旺社，2003年．

[15] [韩] 慎侑根. 韩国企业的特性与任务. 首尔：汉城大学出版部，1989 年.

[16] 韩国城（한국성）. 在京韩国人内部刊物.

[17] 한빛차이나. 在京韩国人内部刊物.

[18] 北京新闻（베이징뉴스）. 黑龙江新闻报社出版的报纸.

[19] 韩人村落（한울타리）. 在京韩国人内部刊物.

[20] 中国（중국）. 유학뱅크公司出版的在京韩国人内部刊物.

[21] 教育月报（교육월보）. 在京韩国人内部刊物.

[22] 北京周刊（베이징저널）. 北京周刊报社，2004 年至 2007 年出版的各期报纸.

英文文献

[1] Alexander M. Ervin (ed.)(2000) Applied Anthropology: Tools and Perspectives for Contemporary Practice, Pearson Education Inc.

[2] Charles k. Armstrong (ed.) (2005) Korea at the Center – Dynamics of Regionalism in Northeast Asia. Newyork: M. E. Sharpe Inc.

[3] Eui Young Yu (1993) 'The Korean American Community' in Donald N. Clark (ed) Korea Brifing. Oxford: Westview Press.

[4] Georgie D. M. Hyde (1988) South Korea: Education, Culture and Economy. London: Macmillan Press Ltd.

[5] Hagen Koo (1993) State and Society in Contemporary Korea. Ithaca and London: Cornell University press.

[6] Haksoon Yim (2003) The Emergence and Change of Cultural Polity in South Korea. Seoul: Jinhan Book.

[7] Hyung Il Pai (2000) Constucting "Korean" Orgins: a Critical Review of Archaeology , Historiography and Racial Myth in Korea State – formation Theories. Harvard University Asia Center.

[8] Hyun Oh Seok (2004) 'Taking Advantage of the Hanllyu Wave' in Korea Focus, vol. 12, No. 6.

[9] Hyuk – Rae Kim and Bok Song (eds) (2007) Modern Korean Society : Its Development and Prospect. Berkeley, CA : Institute of East Asian Studies, Berkeley Center for Korean Studies.

[10] Jeon Jaeho (2005) 'Changes in the Korean Identity in the Globalization Era' in Korea Focus, vol. 13, No. 4, p. 128.

[11] James Hoare and Susan Papres (1988) Korea Introduction. London and New York: Kegan Paul International Limited.

[12] Kang Man – gil (2005) A History of Contemporary Korea. UK: Global Oriental.

[13] Keith Pratt (2006) Everlasting Flower: A History of Korea. London: Reaktion Books Ltd.

[14] Kim Moo – Kon (2004) 'Moving toward an Asian Cultural Community' in Korea Focus, vol. 12, No. 4.

[15] Kim Yŏl – gyu (2005) Uncovering the Codes : Fifteen Keywords in Korean Culture , translated by Jung Ha – yun. Fremont, California: Jain Pub. Co.

[16] Korean National Commission for UNESCO (2004) Korea History: Discovery of Its Characteristics and Developments. Seoul: Hollym International Corp.

[17] —— (2003) Korean Anthropology: Contemporary Korean Culture in Flux. Seoul: Hollym International Corp.

[18] (2002) Korea Annual. Seoul: Yonhap News Agency.

[19] Kwan Chun Lee (1993) 'The Socialization Through Cur-

ricula Control in Korea: An Analysis of Primary School Moral Textbooks' in The Institute of Korean Studies (ed) Korea Observer, vol. XXIV, No. 1.

[20] Lee Kwang Kyu (2003) Korea Traditional Culture. Seoul: Jimoondang.

[21] Maarten Meijer (2005) What's so good about Korea, Maarten? Seoul: Hyeonamsa.

[22] Moon H Jo (1999) Korean Immigrants and the Challenge of Adjustment. London: Greenwood Press.

[23] Susan Wright (1994) "'Culture' in anthropology and organizational studies", in Susan Wright (ed) Anthropology of Organizations, London and New York: Rouledge.

[24] Tae－Hung Ha (1968) Guide to Korea Culture. Seoul: Yonsei University Press.

[25] Yu Hong June (2006) "The Origin an Future of Hallyu" in Korea Focus, vol. 14, No. 2.

[26] Yoonmi Lee (2000) Mordern Education, Textbooks and the Image of the Nation. New York and London: Garland Publishing, Inc.

中文文献（外文译作）：

[1]［美］阿伦·肯尼迪、特伦斯·迪尔．公司文化，印国有、葛鹏译．北京：三联书店，1989年．

[2]［挪］埃里克森．族群性与民族主义：人类学透视，王亚文译．兰州：敦煌文艺出版社，2002年．

[3]［美］博厄斯．人类学与现代生活．北京：华夏出版社，1999年．

[4] [美] 本尼迪克特. 文化模式. 北京：华夏出版社，1987年.

[5] [美] 本尼迪克特. 菊与刀，吕万和等译. 北京：商务印书馆，2004年.

[6] [美] 布拉德福德·霍尔编著. 跨越文化障碍——交流的挑战，麻争旗等译. 北京：北京广播学院出版社，2003年.

[7] [美] C. 恩伯、M. 恩伯. 文化的变异，杜杉杉译. 沈阳：辽宁人民出版社，1988年.

[8] [美] 大卫·梅伯利—路易斯. 全球族群探索，王洁等译. 台北：秋雨文化事业有限公司，2003年版.

[9] [法] 迪尔凯姆. 社会学方法的规则. 北京：华夏出版社，1999年.

[10] [法] 迪尔凯姆. 宗教生活的初级形式. 北京：中央民族大学出版社，1999年.

[11] [美] 格尔兹. 文化的解释. 上海：上海人民出版社，1999年.

[12] [美] 利奇. 文化与交流. 上海：上海人民出版社，2002年.

[13] [美] 哈里斯. 文化唯物主义，张海洋等译. 北京：华夏出版社，1989年.

[14] [美] 怀特. 文化科学. 江苏：浙江人民出版社，1988年.

[15] [美] 亨廷顿. 变化社会中的政治秩序，王冠华等译. 北京：三联书店，1989年.

[16] [英] 拉德克利夫—布朗. 社会人类学方法，夏建中译. 北京：华夏出版社，2002年.

[17] [美] 克利福德·格尔兹. 文化的解释，韩莉译. 南京：译林出版社，2002年.

[18] [美] 克莱德.M. 伍兹. 文化变迁，何瑞福译. 石家庄：河北人民出版社，1989 年.

[19] [英] 雷蒙德·弗思. 人文类型，费孝通译. 北京：华夏出版社，2002 年.

[美] L. 罗伯特·科尔斯. 解读韩国人，徐冰译. 北京：中国水利水电出版社，2004 年.

[20] [日] 广田康生. 移民和城市，马铭译. 北京：商务印书馆，2005 年.

[21] [美] 克莱德·M·伍兹. 文化变迁，何瑞福译. 石家庄：河北人民出版社，1989 年.

[22] [韩] 黄秉泰. 儒学与现代化. 北京：社会科学文献出版社，1995 年.

[23] [日] 金文学. 丑陋的韩国人，宋义淑译. 济南：山东人民出版社，2005 年.

[24] [韩] 金夏中. 腾飞的龙. 北京：世界知识出版社，2005 年.

[25] [韩] 李圭泰. 韩国人的生活与智慧. 韩国：东亚出版社，1992 年.

[26] [韩] 李元馥. 漫话韩国，朴惠园译. 北京：中信出版社，2004 年.

[27] [韩] 罗汝训. 韩国小学教育考察. 南京：南京师范大学出版社，2001 年.

[28] [韩] 李圭太. 韩国人的意识形态，杨人从译. 台北：黎明文化事业公司，1979 年.

[29] [韩] 李元馥. 漫话韩国，朴惠园译. 北京：中信出版社，2004 年.

[30] [韩] 李御宁. 韩国人的心，张乃丽译. 济南：山东人民出版社，2007 年.

［31］［英］马凌诺夫斯基．西太平洋的航海者，梁永佳等译．北京：华夏出版社，2001 年．

［32］［英］马凌诺夫斯基．文化论，费孝通译．北京：华夏出版社，2002 年．

［33］［英］莫里斯·弗里德曼．中国东南的宗族组织．上海：上海人民出版社，2000 年．

［34］［韩］朴昌根、金秀子．论韩国人的传统社会价值观对企业经营价值观的影响，载复旦大学韩国研究中心主编韩国研究论丛第十辑．北京：中国社会科学出版社，2003 年．

［35］［韩］朴昌根．论韩国人的因缘主义价值观对韩国社会政治、经济、经营现代化的影响，引自朴昌根全球化与韩国的应对．韩国：白山资料院，2003 年．

［36］［韩］全海宗、金善姬．中韩关系史论集．北京：中国社会科学出版社，1997 年．

［37］［美］史徒华著．文化变迁的理论，张恭启译．台北：允晨文化实业公司，1984 年．

中文原著：

［1］北京大学韩国学研究所编．韩国学论文集（第一辑）．北京：社会科学文献出版社，1992 年．

［2］北京大学韩国研究中心．韩国学论文集第一至第十辑．沈阳：辽宁民族出版社，2003 年．

［3］蔡禾主编．城市社会学：理论与视野．广州：中山大学出版社，2003 年．

［4］蔡茂松．韩国近世思想文化史．台北：东大图书公司，1995 年．

［5］曹中屏、张琏瑰．当代韩国史．天津：南开大学出版

社，2005 年.

[6] 陈宁宁、刘德海. 韩国研究导论. 台北：中国文化大学出版部，2001 年.

[7] 陈尚胜主编. 登州港与中韩交流国际学术讨论会论文集. 济南：山东大学出版社，2005 年.

[8] 池青山. 韩国教育研究. 北京：东方出版社，1995 年.

[9] 崔根德. 韩国儒学思想研究. 北京：学苑出版社，1998 年.

[10] 董向荣. 韩国. 北京：社会科学文献出版社，2005 年.

[11] 方旐强. 发现韩国：一名记者的人文观察. 上海：上海人民出版社，2002 年.

[12] 费孝通. 乡土中国. 北京：北京大学出版社，2004 年.

[13] 复旦大学韩国研究中心编. 韩国研究论丛第一辑至第十辑. 上海：复旦大学出版社.

[14] 郭洪纪. 文化民族主义. 台北：扬智文化事业股份有限公司，1997 年.

[15] 郭镇之. 跨文化交流与研究—韩国的文化与传播. 北京：北京广播学院出版社，2004 年.

[16] 黄淑娉、龚佩华. 文化人类学理论方法研究. 广州：广东高等教育出版社，1998 年.

[17] 姜林祥. 儒学在国外的传播与影响. 济南：齐鲁书社，2004 年.

[18] 姜熙丁. 中韩中小企业发展模式与国际化经营战略. 北京：经济科学出版社，2002 年.

[19] 蒋菲菲. 中韩关系史（古代卷）. 北京：社会科学文献出版社，1998 年.

［20］金炳珉．朝鲜—韩国文化的历史与传统．牡丹江：黑龙江朝鲜民族出版社，2005 年．

［21］李立绪．韩国启示录．北京：企业管理出版社，1998 年．

［22］李红杰．韩国国民素质考察报告．南宁：广西人民出版社，1999 年．

［23］李惠国．当代韩国人文社会科学．北京：商务印书馆，1999 年．

［24］李晶编．韩国学概论．沈阳：辽宁大学出版社，2000 年．

［25］李庆臻、金吉龙编．韩国现代化研究．济南：济南出版社，1995 年．

［26］林秋山．韩国综论——教育文化篇．台北：水牛出版社，1998 年．

［27］林正范．中韩教育比较研究．江苏：浙江出版社，1998 年．

［28］凌纯声、林耀华等著．20 世纪中国人类学民族学研究方法与方法论．北京：民族出版社，2003 年．

［29］刘李胜．韩国概论．北京：东方出版社，1995 年．

［30］刘金质．当代中韩关系．北京：中国社会科学出版社，1998 年．

［31］刘鹏飞、郑信哲主编．韩国——烟幕后的国家．北京：世界知识出版社，1995 年版．

［32］罗康隆．文化人类学论纲．昆明：云南大学出版社，2005 年．

［33］马戎编著．民族社会学——社会学的族群关系研究．北京：北京大学出版社，2004 年．

［34］纳日碧力戈．现代背景下的族群建构．昆明：云南教

育出版社，2000 年.

[35] 牛林杰、刘宝全主编. 中韩人文社会科学研究第 1 辑. 济南：山东大学出版社，2005 年.

[36] 彭林. 中国礼学在古代朝鲜的播迁. 北京：北京大学出版社，2005 年.

[37] 钱民辉. 教育社会学——现代性的思考与建构. 北京：北京大学出版社，2004 年.

[38] 乔健等主编. 文化、族群与社会的反思. 北京：北京大学出版社，2005 年.

[39] 阮西湖. 都市人类学. 北京：华夏出版社，1991 年.

[40] 尚会鹏、徐晨阳著. 中日文化冲突与理解的事例研究. 北京：中国国际广播出版社，2004 年.

[41] 邵毅平. 韩国的智慧—地缘文化的命运与挑战. 台北：国际村文库书店，1996 年.

[42] 沈善洪. 韩国研究. 杭州：杭州大学出版社，1994 年.

[43] 石弈龙、郭志超. 文化理论与族群研究. 合肥：黄山书社，2004 年版.

[44] 宋有成. 中韩关系史（现代卷）. 北京：社会科学出版社，1997 年.

[45] 孙科志. 上海韩人社会史研究. 北京：学苑出版社，2004 年.

[46] 滕星. 族群、文化与教育. 北京：民族出版社，2002 年.

[47] 田以麟. 今日韩国教育. 广州：广东教育出版社，1996 年.

[48] 吴前进. 美国华侨华人文化变迁论. 上海：上海社会科学出版社，1998 年.

［49］（美）许倬云．从历史看组织．上海：上海人民出版社，2000 年．

［50］王铭铭．社会人类学与中国研究．北京：三联书店，1997 年．

［51］王铭铭．社区的历程．上海：上海人民出版社，1997 年．

［52］王明珂．华夏边缘——历史记忆与族群认同．台北：允晨文化实业股份有限公司，1997 年．

［53］王晓毅．血缘与地缘．杭州：浙江人民出版社，1993 年．

［54］王志乐．韩国企业在中国的投资．北京：中国经济出版社，1996 年．

［55］魏常海主编．韩国哲学思想史料选集．北京：国际文化出版公司，2000 年．

［56］夏建中．文化人类学理论学派．北京：中国人民大学出版社，1997 年．

［57］夏建中．社会人类学分法．北京：华夏出版社，2002 年．

［58］杨昭全．中国—朝鲜・韩国文化交流史．北京：昆仑出版社，2004 年．

［59］尹保云．韩国的现代化——一个儒家国家的道路．北京：东方出版社，1995 年．

［60］许吉．朝鲜—韩国政治文化．延边：延边大学出版社，2006 年．

［61］杨通方．韩国．香港：社会科学出版有限公司，2003 年．

［62］张鸿雁．侵入与接替—城市社会结构变迁新论．南京：东南大学出版社，2000 年版．

[63] 詹小洪．韩流汉风．北京：社会科学文献出版社，2006年版．

[64] 詹卓颖．韩国民族教育思想．台北：五南图书出版社，1995年．

[65] 张继焦．城市的适应．北京：商务印书馆，2004年．

[66] 张立文主编．东亚文化研究．北京：东方出版社，2001年版．

[67] 郑晓云．文化认同与文化变迁．北京：中国社会科学出版社，1992年版．

[68] 中国社会科学院韩国研究中心．中韩论坛第四次会议论文集．北京：社会科学文献出版社，1996年．

[69] 周大鸣等编．中国的族群与族群关系．南宁：广西民族出版社，2002年版．

[70] 张公瑾、丁石庆．文化语言学教程．北京：教育科学出版社，2004年．

[71] 张宏杰．滚滚韩流——中国人比韩国人少什么．台北：知本家文化事业有限公司，2004年．

[72] 张理智．韩国人怎样教育孩子．北京：昆仑出版社，1999年．

[73] 张世和．韩国研究报告．牡丹江：黑龙江朝鲜民族出版社，2000年．

[74] 庄国土．华人华侨与中国的关系．广州：广东高等教育出版社，2001年．

[75] 庄孔韶．人类学通论．太原：山西教育出版社，2002年．

[76] 庄孔韶．银翅．北京：三联书店，2000年．

[77] 庄孔韶．教育人类学．哈尔滨：黑龙江教育出版社，1989年．

［78］庄孔韶．时空穿行．北京：中国人民大学出版社，2004 年．

［79］庄孔韶．人类学概论．北京：中国人民大学出版社，2006 年．

［80］朱新山．乡村社会结构变动与组织重构．上海：上海大学出版社，2004 年．

期刊和论文：

［1］［韩］白容瑞．超越 20 世纪型东亚文明与国民国家：韩民族共同体选择．当代韩国．2000 年第 1 期．

［2］陈心林．族群理论与中国的族群研究．青海民族研究．2006 年第 1 期．

［3］崔一．试析朝鲜的中国观．延边大学学报（社会科学版）．2003 年第 4 期．

［4］郭又新．浅议美国韩裔族群的同化问题．东南亚研究．2005 年第 3 期．

［5］麻国庆．全球文化的生产与族群认同．族群与族际交流．中南民族大学民族学与社会学学院编．北京：民族出版社，2003 年版．

［6］马建青、李小芳、仰滢．韩流对成人世界的启示．中国青年研究．2004 年第 1 期．

［7］马戎．族群关系变迁影响因素的分析．西北民族研究．2002 年第 1 期．

［8］马戎．论“族群”意识．西北民族研究．2003 年第 3 期．

［9］马戎．试论语言社会学在社会变迁和族群关系研究中的应用．北京大学学报．2003 年第 2 期．

[10] 苗威．华夷观的嬗变对朝鲜王朝吸收中国文化的影响．东疆学刊．2002 年 9 月．

[11] [韩] 李奎泰．论韩中文化关系的历史和现状．当代韩国．2004 年冬季号．

[12] 李继利．族群认同及其研究．青海民族研究．2006 年第 1 期．

[13] 李炜．中国与韩国社会阶级意识的比较研究．社会学研究．2004 年第 5 期．

[14] 李亦园．一个移植的市镇：马来西亚华人市镇生活的调查研究．中央研究院民族学研究所专刊．1970 年乙种第 1 号．

[15] 李英武．“韩流”与“汉潮”—漫谈近年来迅猛发展的中韩文化交流．唐都学刊．2004 年第 1 期．

[17] 李朝辉．浅层文化中断与深层文化中断．中央民族大学博士学位论文，2004 年．

[18] 廖杨．人类学视野中的交往与族群关系．思想战线．2005 年 1 期．

[19] 陆俊元．韩国半岛的地缘战略特征．外国问题研究．1996 年第 2 期．

[20] 潘蛟．“族群”及其相关概念在西方的流变．广西民族学院学报（哲学社会科学版）．2003 年第 5 期．

[21] 潘蛟．民族定义新探．载马启成、白振声主编民族学与民族文化发展研究——庆祝林耀华教授从教 62 周年纪念文集．北京：中国社会科学出版社，1995 年．

[22] 沈仪琳．朝鲜人性格试析．载韩国学论文集（第一辑）．北京大学韩国学研究所编．北京：社会科学文献出版社，1992 年．

[23] 孙伟平．韩国哲学与文化观感——追求“东方”与“西方”之间的和谐．哲学动态．2006 年第 2 期．

[24] 孙卫国．论事大主义与朝鲜王朝对明关系．南开学报．2002 年第 4 期．

[25] 田宏亮．控制与协同：一家高科技企业组织文化的民族志报告．香港中文大学博士学位论文，2004 年．

[26] 王东生．在华韩国企业的文化本土化战略．当代亚太．2003 年第 8 期．

[28] 王宣敬．韩流与汉风．当代韩国．2002 年冬季号．

[29] 王元生．华夷观与朝鲜后期的小中华意识．载《北京大学韩国学研究中心编韩国学论文集》第十二辑．北京：北京大学出版社，2004 年 5 月．

[30] 吴判童、刘海建．韩国企业文化及其特征评介．外国经济与管理．2005 年第 7 期．

[31] 杨雨蕾．十六至十九世界初中韩文化交流研究——以朝鲜赴京使臣为中心．复旦大学博士学位论文，2005 年．

[32] 叶江．当代西方“族群”理论探析．华东师范大学学报（哲学社会科学版）．2005 年第 5 期．

[33] 余伟民．私人教育费在韩国教育发展中的地位和作用．当代韩国．1997 年第 1 期．

[34] 张晓曼．韩国朝鲜时期的汉语研究．语言教学与研究．2005 年第 6 期．

[35] 周传滨．族群理论的流变及其与民族理论的关系．黑龙江民族丛刊．2005 年第 5 期．

[36] 周大鸣．论族群与族群关系．广西民族学院学报．2002 年第 2 期．

附录

中韩西对比历史编年表[①]

韩国	中国	西方
旧石器时代 新石器时代		
青铜器时代古朝鲜	青铜器时代	美索不达米亚早期 埃及各王朝
	商朝（前1600—前1046） 周朝（前1122—前256）	
	春秋（前770—前476） 铁器时代	希腊文明 罗马建立（前735）
铁器时代 扶余	战国时期（前475—前221） 秦朝（前221—206） 西汉（前206—25）	苏格拉底（前469—前399） 亚历山大大帝（前356—前323） 第一次布匿战争（前264—前241） 第二次布匿战争（前219—前201）
三韩时代		恺撒（前101—前44）
三国时代 新罗（前57—935） 高句丽（前37—668） 百济（前18—660）		耶稣基督诞生
伽耶（42—562）	东汉（25—220）	
	三国（220—280） 晋朝（256—420）	

① 本表参照大韩民国海外弘报院编写的《韩国简介》中的《历史编年表》制作。

续表

韩国	中国	西方
		罗马帝国确立基督教为国教(392) 罗马帝国分裂为二（395）
	南北朝（420—589）	盎格鲁撒克逊人在不列颠确立（449）
	隋朝（581—618）	穆罕默德（570—632）
统一新罗(668—935)	唐朝（618—907）	伊斯兰纪元开始
高丽王朝(918—1392)	五代（907—960） 宋朝（960—1279）	
		第一次十字军东征（1096—1099）
	元朝（1271—1368）	大宪章（1215） 马可波罗（1254—1324）
朝鲜王朝(1392—1910)	明朝（1368—1644）	百年战争（1334—1434）
		哥伦布发现美洲大陆（1492）
		马丁路德宗教改革（1517）
	清朝（1616—1911）	30年战争（1618—1648）
		美国独立（1776） 法国大革命（1789—1793）
大韩帝国（1894）		美国南北战争（1861—1865）
日本吞并韩国（1910） 大韩民国建立（1948）	中华民国成立（1912） 中华人民共和国（1949）	第一次世界大战（1914—1918） 第二次世界大战（1939—1945）

后　　记

（一）

在攻读文化人类学博士学位以前，我所研究和工作的领域是第二语言教学和一般意义上的文化及跨文化交际。

后来有机会专门研读人类学的书籍，对于人类学的理解也逐渐深厚起来。

人类学是一个无比宽广的领域，那些族群与社会、人性与伦理、情感与意义等诸多方面的认知常能使人自省，并增添力量。人类学可以使人真诚地看待不同文化中人们的生活方式和生活意义，用心地去感受异质文化的别样之处。

能得到著名人类学家庄孔韶教授的指导，系统学习文化人类学是我莫大的荣幸，恩师的教导为我开启了一扇美好的人类学的大门。

通过几年正规的人类学的学习，我越来越深入地认识了我所生活其中的这个世界，也越来越理解并欣赏他人的生活方式。人类学所能唤起的人们对于社会和人生的深刻的思索，对于我这个后来者有着永恒的吸引力。

用经过人类学训练过的眼睛看世界，会捕捉到一种别致的文化风景，并获得来自人生的另一种回报。这也是我愿意付出人生中一段美好、宝贵的时光来学习人类学的意义之所在。

其实，在路上，正是“发现一种文化的意义，并将这种意义与另一种文化力的人们进行沟通的整个过程”。我很享受这一过程，并期待一直在路上……

（二）

2001 年至 2002 年在韩国工作的特殊经历，一直促使我写些什么，来纪念我和韩国的这段缘分。

我曾写过一些散文和见闻，还拍摄过《我在韩国的日子》的纪录短片在北京电视台《北京您早》和中央电视台《正大综艺》上播出过。而今能用一种深入细微的表述方式来联结我和韩国的这份缘分，我有一种说不出的感动。

1992 年 8 月，我在中央电视台实习的时候，适逢中韩建交。一次采访中，我接触到了一个韩国人，她是韩国大田人，优雅美丽、热情友善，给我留下了很好的印象。

1995 年，我开始从事对外汉语和汉文化的教学研究工作，工作中接触最多的就是韩国学生。而令我了解韩国人最多、最深入的，还是我到韩国讲学的一年。

2001 年我来到中国的神秘近邻韩国，也开始了全方位的韩国文化历史考察之旅。在韩国乡村考察的时候，我常常追想并怀念那个还未曾被西方世界改造过的“宁静的晨曦之国”，也惊讶于文化变迁对于一个国家的影响是多么的巨大。

在韩国，我遇到了无数真心帮助我的人。如今十几年过去了，可是他们的面孔却时常浮现在我的眼前，让我可以通过这些面孔回想起一个个有关韩国的人和事。

（三）

本书的主体内容完成于2008年，至今已有几载，其间的一些人与事发生了些许的变化，但就一个族群的组织特性而言，几年的时间并不足以改变什么。重读这些文本，依然能感到书中所阐述的主旨十分鲜活，这也是时隔几年后出版本书的信心所在。

本研究的内容所涉及的时间、空间跨度都不小，驾驭这一选题并非易事。本书的完成与师长、朋友的指导、关心和帮助是分不开的，谨借此方寸之间向他们致以诚挚的感谢。

我非常感谢恩师庄孔韶教授。我对人类学的热爱与庄师的悉心培养与耐心引领有着极大的关系。他以高超、独特又颇有见地的指导方式引领我走上人类学求学的道路，他对人生的豁达态度和为人处事的历练都值得我去学习并去力行实践。他在美国讲学期间还专门从大洋彼岸为我购买到了十分重要的有关韩国的最新的学术资料。在此，谨对庄师表达我由衷的感谢。

在我人类学学术道路的成长过程中，下列学者和老师的帮助及提携尤为重要，特此寄以无限的感谢，他们是：戴庆厦教授、王建民教授、陈长平教授、潘蛟教授、滕星教授、王军教授、丁石庆教授、张海洋教授、景军教授、高丙中教授、钱杭教授等。

此外，我要特别感谢在我的田野研究中给予我帮助、支持和配合的众多报道人。由于有他们的帮助，我得以获得鲜活的学术资讯和田野资料，并能够对韩国的社会文化建立起一个相对深入和全面的认识和理解。

韩国公州大学的金锡焕教授亲自帮我查阅韩文资料，并专门从韩国分几次为我寄来很多宝贵的资料；韩国历史学研究员李喜宽博士和田美姬女士从学术的角度给了我很大的帮助。此外，帮助过我的韩国、日本、中国朋友有：李太周、申东奎、梁承和、李相德、金俊渊、李沙娜、金元福、姜秉龙、郑在镐、郑晓周、李淑姬、松川枝理、郑庆薰、申东柱、吴升奂、金英熙、金玉顺、禹庆龙、谢宏等。没有他们的帮助，也就没有本研究的问世。为尊重他们的意见，本书采用了匿名原则。本书还要献给热诚帮助过我的所有的韩国朋友们，正是从他们那里，我真正了解了韩国，同时也了解了我自身的文化。

我的硕士研究生王伟同学帮助我整理了稿件，还有很多朋友也给予了我无私的帮助，在此一并表示感谢。同时，我非常感谢中央民族大学出版社以及中央民族大学青年博士文库的大力支持！

泰勒在《人类学：人及其文化研究》中说：我们进入这个世界，是为了使世界比它的过去更美好。在我看来，人们用笔来记录自己所看到的世界，是为了使更多人愿意继续探索这个世界的奥秘。因此，尽管笔者能力有限，书中难免存在很多瑕疵，但是依然愿意与读者分享我所看到的世界。